हरीश चन्द्र पाण्डे

हरीश चन्द्र पाण्डे का जन्म 28 दिसम्बर, 1952 को उत्तराखंड, अल्मोड़ा के सदीगाँव (बयाला) ग्राम में हुआ। उन्होंने वाणिज्य में स्नातकोत्तर की उपाधि प्राप्त की।

उनकी प्रकाशित कृतियाँ हैं—'कुछ भी मिथ्या नहीं है', 'एक बुरूंश कहीं खिलता है', 'भूमिकाएँ खत्म नहीं होतीं', 'असहमति' तथा 'कछार-कथा' (कविता-संग्रह); 'कलैंडर पर औरत तथा अन्य कविताएँ', 'मेरी चुनिन्दा कविताएँ' (चयन); 'दस चक्र राजा' (कहानी-संग्रह); 'संकट का साथी' (बाल कथा-संग्रह); 'एक बुरूंश कहीं खिलता है' कविता-संग्रह का अंग्रेजी रूपांतरण 'अ फ्लावर ब्लूम्स समवेयर' नाम से प्रकाशित।

कविताओं के कुछ अनुवाद बांग्ला, तेलुगू, ओड़िया, मराठी, पंजाबी, अंग्रेजी, मैथिली आदि भाषाओं में प्रकाशित। कुछ फुटकर लेख पत्र-पत्रिकाओं में प्रकाशित।

उन्हें 'शमशेर सम्मान', 'केदार सम्मान', 'सोमदत्त सम्मान', 'ऋतुराज सम्मान', 'मीरा स्मृति सम्मान' तथा 'हरिनारायण व्यास हिन्दी काव्य पुरस्कार' और उत्तर प्रदेश हिन्दी संस्थान का पुरस्कार प्रदान कर सम्मानित किया गया है।

ई-मेल : harishchandrapande@gmail.com

कछार-कथा

हरीश चन्द्र पाण्डे

राजकमल पेपरबैक्स

राजकमल पेपरबैक्स में
पहला संस्करण : 2023

राजकमल पेपरबैक्स : उत्कृष्ट साहित्य के जनसुलभ संस्करण

राजकमल प्रकाशन प्रा. लि.
1-बी, नेताजी सुभाष मार्ग, दरियागंज
नई दिल्ली-110 002
द्वारा प्रकाशित

शाखाएँ : अशोक राजपथ, साइंस कॉलेज के सामने, पटना-800 006
पहली मंजिल, दरबारी बिल्डिंग, महात्मा गांधी मार्ग, प्रयागराज-211 001
वेबसाइट : www.rajkamalprakashan.com
ई-मेल : info@rajkamalprakashan.com

बी.के. ऑफसेट
नवीन शाहदरा, दिल्ली-110 032
द्वारा मुद्रित

मूल्य : ₹199

KACHHAR-KATHA
Poems by Harish Chandra Pande

ISBN : 978-93-95737-63-0

कथाकार शेखर जोशी जी की स्मृति को
सादर समर्पित

क्रम

मैं इक्कीसवीं सदी का एक दृश्य हूँ

(पत्नी के शव को अकेले कन्धे पर ले जाते हुए दाना
माँझी को टीवी पर देखते हुए)[1]

मैं बहुत देर तक अपने कन्धे के विकल्प ढूँढ़ता रहा
पर सारे विकल्पों के मुहाने पैसे पर ही जाकर गिरते थे

मेरे पास पैसों की ज़मीन थी न रसूख़ की कोई डाल
हाथ-पाँव थे मगर उनमें गुंडई नहीं बहती थी
हाँ अनुभव था लट्ठों को काट-काट कर कन्धे पर ले जाने का पुराना
मेरी बेटी के पास यह सब देखने का अनुभव था

मुझे जल्दी घर पहुँचना था
अपने घर से बाहर छूट गए एक बीबी के प्राण
घर के जालों-कोनों में अटके मिल सकते थे

मेरा रोम-रोम कह रहा था यहाँ से चलो

---

1. आदिवासी दाना मांझी की पत्नी अमांग ओडीशा के कालाहांडी जिले के भवानीपटना के एक अस्पताल में टीबी के इलाज के लिए भर्ती थी। उसके इलाज, उसकी मृत्यु व उसको ले जाने के लिए गाड़ी की व्यवस्था को लेकर तमाम आरोपों-सफ़ाइयों के बावजूद यह एक निर्विवाद सत्य है कि दाना माँझी को अपनी पत्नी के शव को कई किलोमीटर तक अपने कन्धे पर ले जाते हुए दुनिया ने देखा। साथ में 11 वर्षीय बेटी चौला थी।

मैं जैसे मणिकर्णिका पर खड़ा था किंकर्तव्यविमूढ़
और कोई मुझसे कह रहा था तुम्हारे पास देने के लिए अभी देह के कपड़े
बचे हुए हैं
मेरी आँखों ने कहा तुमने मोर्चे पर लड़ रहे सिपाही को
अपने हत साथी को शिविर की ओर ले जाते देखा है ना
मेरे हाथ पैर कन्धे समवेत स्वर में बोल उठे थे
यह हमारा साख्य-भार है बोझ नहीं

मैंने पल भर के लिए अपनी बेटी की आँखों में शरण ली
उपग्रह-सी नाचती वह लड़की अभी भी अपनी पृथ्वी को निहार रही थी

मैं बादलों-सा फट सकता था
पर बिजली बेटी के ऊपर ही गिरनी थी
उसने भी अपने भीतर एक बाँध को टूटने से रोक रखा था
उसके टूटने ने मुझे जाने कहाँ बहा ले जाना था

हम दोनों एक नि:शब्द यात्रा पर निकल पड़े...
यात्रा लम्बी थी मेरी बच्ची के पाँव छोटे
तितलियों के पाँव चलने के लिए होते भी कहाँ हैं
वे तो फूलों पर बैठते वक़्त निकलते हैं बाहर
मेरी तितली मेरे कन्धों के छालों की ओर देख रही थी बार-बार
पर ये सब तो वे घाव थे जिन्हें उजाले में देखा जा सकता है और
अँधेरे में टटोला

हम दोनों चुप थे मौन बोल रहा था
मौन का कोई किनारा तो होता नहीं
सो कन्धे पर सवार मौन भी बोलने लगा था

—महाराज! आज इतनी ऊँचाई पर क्यों सजाई गई है मेरी सेज?
शबरी के लाड़ले क्या इसी तरह जताते हैं अपना प्यार?

आज ये कहाँ से आ गई इन बाजुओं में इतनी ताक़त?
तुम्हारा गया हुआ अँगूठा वापस आ गया क्या?

सभी काल अभी मौन की जेब में थे
रस्ता बहुत लम्बा था
मेरे हाथ पैर कन्धे सब थक रहे थे
याद आ गए वे सारे हाथ
जो दान-पात्रों के चढ़ावों को गिनते-समेटते थकते नहीं
मेरे जंगल के साथी पेड़-पौधों ने मेरी थकान को समझ लिया था
उन सबने मेरे आगे अपनी-अपनी छायाएँ बिछा दीं

मैं ग़मज़दा था मगर आदमी था अस्पताल से चलते समय
पर रस्ते में ये कौन कैसे आ गया
कि मैं दुनिया भर में एक दृश्य में बदल दिया गया

...हाँ मैं अब एक दृश्य था
मैं सभ्यता के मध्याह्न में सूर्यग्रहण का एक दृश्य था
इस दृश्य को देखते ही आँखों की ज्योति चली जानी थी
अनगिनत आँखों का पानी मर जाने पर एक ऐसा दृश्य उपजता है
यह आँखों के लिए एक अपच्य दृश्य था
पर इसे अपच भोजन की तरह उलटा भी नहीं जा सकता था बाहर

यह हमारी इक्कीसवीं सदी का दृश्य था
स्वजन-विसर्जन का आदिम कट पेस्ट नहीं
जब धरती पर कोई डॉक्टर था न अस्पताल न कोई सरकार

यह मंगल पर जीवन खोजने के समय में
पृथ्वी पर जीवन नकारने का दृश्य था

ग्रहों के लिए छूटते हुए रॉकेटों को देख हमने तो यही समझा था

कि अपने दिन बहुरने की उल्टी गिनतियाँ शुरू हो गई हैं
पर किसी भी दिन ने यह नहीं कहा कि मैं तुम्हारा कन्धा हूँ
पता नहीं मैं पत्नी का शव लेकर घर की ओर जा रहा था
या इंसानियत का शव लेकर गुफा की ओर

मैंने सुना है नदियों को बचाने के लिए
उन्हें जीवित आदमी का दर्जा दे दिया गया है[1]
जिन्होंने ये काम किया है उन्हें बता दिया जाय
कि दाना मांझी भी एक जीवित आदमी का नाम है

1. न्यूजीलैंड सरकार ने वानगुनई नदी को जीवित आदमी का दर्जा दिया है। यानी नदी को पहुँचाई गई क्षति को क़ानूनन, व्यक्ति को पहुँचाई क्षति माना जाएगा।

यमुना इलाहाबाद में, संगम होती हुई

यमुना इलाहाबाद में

कभी-कभी मुझे यह साफ़ आसमान से काटी गई एक हल्की
नीली पट्टी लगती है
कभी-कभी दोआबी ज़मीन लिए साड़ी का किनारा
और कभी-कभी जमुना पार गाँव की जमना देवी
जिसने औरत होने के क्रम में अपना पूर्व उपनाम गँवा दिया है

कभी-कभी मुझे लगता है यह सागर की बेटी है
यह प्रशान्तता और गहराई इसने और कहाँ से पाई होगी
यह बात अलग है इसकी गहराई को लोग आत्महत्या के लिए
अधिक चुनते हैं
और शायद आत्महन्ताओं के अन्तिम पलों की छटपटाहट का
सबसे बड़ा ज़खीरा इसी के सीने में होगा

कभी-कभी इच्छा होती है कह दूँ समुद्र से जाकर
कि वह अपनी समुद्रता वापस ले ले
पर तब उस उथलेपन में डूब जाता हूँ
जिसके रेतीले ढेर में माफ़िया बन्दूकें रोप दी गई हैं

कभी जब किनारे बैठ इसके जल को हथेलियों से उलीचता हूँ तो लगता है

ये जो नसों का जाल बिछा हुआ है मेरे शरीर में
नसें नहीं, यमुना से निकाली गई नहरें हैं

इसे देखने-महसूस करने की सबकी अपनी-अपनी दृष्टि है अपने-अपने कोण
इसे अकबर के क़िले के झरोखे से रानी की आँख बनकर देखा जा सकता है
इसे अक्षय बट की जड़ें बनकर छुआ जा सकता है
इसमें गोता लगाकर किसी मिथकीय गेंद को हेरा जा सकता है देर तक

कभी-कभी यह जानना मुश्किल होता है यह किधर से किधर बह रही है
ऐसे में निर्जीव पदार्थ बताते हैं इसकी बहाव दिशा...

संगम होती हुई

एक नाव जो चली है अभी-अभी क़िले के पास से संगम के लिए
उसमें बैठी सवारियों के हाथों में फूली मकई के पैकेट हैं
कुनकुनी धूप में नीली छतरी के नीचे उछल रहे हैं फूले सफ़ेद दाने
ऊर्ध्वमुखी चोंचों की खेपें उभर आई हैं हवा में
असमिया भाषा में उछाला गया एक दाना जा गिरा है स्थानीय जलपाखी
की चोंच में
तमिल में उछाला गया दाना एक साइबेरियन चोंच में जा समाया है
नाव धीरे-धीरे पहुँच रही है संगम पर

अगर जाननी हो परकाया प्रवेश पूर्व की मनःस्थिति
तो इसे अभी मल्लाहों के हवाले से समझा जा सकता है
एक मल्लाह ही पा सकता है नदी के अन्तर्मन की थाह
मल्लाहों के चूल्हे की आग का रास्ता नदी के पानी से होकर गुज़रता है

'संगम आइ गवा साहेब'
ऊँची आवाज़ में बोलता है नदी की पाठशाला में पढ़ा-बढ़ा मल्लाह
आवाज़ का भी अपना एक धर्म है

वह उसी तक नहीं पहुँचती जिसके लिए उठाई गई है
सो मल्लाही भाषा की आवाज़ पहुँच गई है गोदान-पिंडदान भाषा तक

पर भाषाएँ पानी नहीं कि आलिंगनबद्ध हो जाएँ मिलते ही
मिलें भी तो कैसे
एक भाषा का उदर बाहर निकला है
दूसरी भाषा का भीतर धँसा हुआ
एक भाषा नदी पार करा रही है
दूसरी भाषा योनियाँ

पानी एक हो गया है भाषाएँ ठिठक गई हैं
यमुना बृहद् धारा होकर आगे बढ़ गई है
मल्लाह धारा के विपरीत तैरते वापस आ रहे हैं यमुना किनारे

मल्लाह ही हैं वे साक्ष्य जो कह सकते हैं
कि हमने यमुना को उसके अन्तिम चरण में देखा है
वही कह सकते हैं हमने यमुना को संगम होते देखा है
और वही कह सकते हैं
कि सभ्यताएँ संगमों का इतिहास हैं
अकेले-अकेले का खेल नहीं...

कछार-कथा

कछारों ने कहा
हमें भी बस्तियाँ बना लो
जैसे खेतों को बनाया, जैसे जंगलों को बनाया

लोग थे
जो कब से आँखों में दो-एक कमरे लिये घूम रहे थे
कितने-कितने घर बदल चुके थे फ़ौरी नोटिसों पर
कितनी-कितनी बार लौट आए थे ज़मीनों के टुकड़े देख-देख कर

पर ये दलाल ही थे जिन्होंने सबसे पहले कछारों की आवाज़ सुनी
और लोगों की हसरतों की भी थाह ली उनकी आँखों में डूबकर

उन्होंने कछारों से कहा ये लो आदमी
और आदमियों से कहा ये लो ज़मीन

डरे थे लोग पहले-पहल
पर उन्हें निर्भय करने कई लोग आगे आ गए

बिजली वालों ने एकान्त में ले जाकर कहा यह लो बिजली का कनैक्शन
जल-कल ने पानी की लाइनें दौड़ा दीं
नगरपालिका ने मकान नम्बर देते हुए पहले ही कह दिया

जाओ मौज़ करो

कछार एक बस्ती है अब
ढेर सारे घर बने कछार में
तो सिविल लाइंस में भी कुछ भवन बन गए

यह कछार बस्ती अब गुलो-गुलज़ार है

बच्चे गलियों में खेल रहे हैं
दुकानदारों ने दुकानें खोल ली हैं
डाक विभाग डाक बाँट रहा है
राशन कार्डों पर राशन मिल रहा है
मतदाता सूचियों में नाम बढ़ रहे हैं

कछार एक सर्वमान्य बस्ती है अब

पर सावन-भादों के पानी ने यह सब नहीं माना
उसने न बिजली वालों से पूछा न जल-कल से न नगरपालिका से न दलालों से
हरहराकर चला आया घरों के भीतर
यह भी न पूछा लोगों से
तुमने तिनके-तिनके जोड़ा था
या मिल गया था कहीं एक साथ पड़ा हुआ
तुम सपने दिन में देखा करते थे या रात में

लोगों ने चीख़-चीख़ कर कहा, बार-बार कहा
बाढ़ का पानी हमारे घरों में घुस गया है
पानी ने कहा मैं अपनी जगह में घुस रहा हूँ

अख़बारों ने कहा
जल ने हथिया लिया है थल

अनींद ने नींद हथिया ली है
लोग टीलों की ओर भाग रहे हैं

अब टीलों पर बैठे लोग देख रहे हैं जल-प्रलय

औरतें जिन खिड़कियों को अवांछित नजरों से बचाने
फटाक से बन्द कर देती थीं
लोफ़र पानी उन्हें धक्का देकर भीतर घुस गया है
उनके एकान्त में भरपूर खुलते शावरों के भी ऊपर चला गया है
जाने उन बिन्दियों का क्या हुआ होगा
जो दरवाज़ों दीवारों शीशों पर चिपकी हुई थीं जहाँ-तहाँ

पानी छत की ओर सीढ़ियों से नहीं बढ़ा बच्चों की तरह फलाँगते
न ही उनकी उछलती गेंदों की तरह टप्पा खाकर
अजगर की तरह बढ़ा
रेंगते-रेंगते, मकान को चारों ओर से बाहुपाश में कसते
उसकी रीढ़ चरमराते

वह नाक, कान, मुँह, रंध्र-रंध्र से घुसा
इड़ा-पिंगला-सुषुम्ना को सुन्न करते

फिलहाल तो यह टीला ही एक बस्ती है
यह चिन्ताओं का टीला है एक
ख़ाली हो चुकी पासबुकों का विशाल जमावड़ा है
उऋणता के लिए छटपटाती आत्माओं का जमघट है
यहाँ से लोग घटते जलस्तर की कामना लिए
बढ़ता हुआ जल स्तर देख रहे हैं

ये बार-बार अपनी ज़मीन के 'एग्रीमेंट पेपर' टटोल रहे हैं
जिन्हें भागते-भागते अपने प्राणों के साथ बचाकर ले आए थे...

क़र्ज़-गाथा

नई स्वेटर क्या पहनी कि लगा
एक नए क़र्ज़ से लद गया हूँ

कई लोग एकाएक सामने आ गए

भेड़ों का क़र्ज़ सबसे बड़ा था
वे एक-दूसरे को ठेलते-धकेलते चले आ रहे थे मुंडियाँ घुमाते

फिर हरे-भरे बुग्याल आ गए
उनमें बिछी हरियाली का अपना दाय था

फिर वे औरतें आ गईं
जिन्होंने गोले बना-बनाकर पन्द्रह-बीस दिन का काम
मिल-बाँट कर दो-तीन दिन में पूरा कर दिया था

कितनों का क़र्ज़दार हूँ मैं
मगर एक बड़े शीशे के सामने मुस्करा रहा हूँ
स्वेटर खींच-खींच कर
जैसे यह क़र्ज़दारों के मुस्कराने का समय है

यूँ तो मैं पहले ही उतार आया हूँ अपना कर्ज़ दुकानदार के पास

जबकि ऊन बनाने में उसकी कोई हिस्सेदारी नहीं थी
उससे ऊन के दाम को लेकर ऐसी किच-किच कर बैठा
जैसे वह मछली नहीं, घड़ियाल था तिजारती दुनिया का
और उसके गलफड़े नहीं जबड़े देखे जाने चाहिए

भेड़ों के बदन का ऊन भेड़ों के लिए था मेरे लिए नहीं
उन्हें तो मालूम ही नहीं
उन्होंने किस-किस पर मेहरबानी कर डाली है
जैसे बुग्यालों ने की भेड़ों को अपनी हरी घास दे-दे कर
और उन औरतों का क्या कहना
जिनकी बुनाई के फंदों में जाड़ों की धूप और बतियाहट की मिश्री घुली हुई थी

मुझ पर वास्तव में जिनका क़र्ज़ है उनमें कोई भी साहूकार नहीं
मुझसे जो वसूल कर ले गए हैं उनका मुझ पर कोई क़र्ज़ ही न था

जिनको वास्तव में देना था उन्हें कुछ नहीं दिया मैंने
जिनका ऊन ही उनका ख़ून था वे आज भी मैंऽऽ मैंऽऽ करते
नंगे हो रहे हैं
कतारों में

ऊँट और रेगिस्तान

कभी-कभी एक कोलाज-सा लगता है ऊँट का शरीर
कुछ-कुछ काठ, कुछ-कुछ रबर, कुछ-कुछ काँच
और पीठ पर जैसे अरावली का टुकड़ा टीप दिया गया हो
भीतर आड़े वक़्त के लिए संग्रहीत पानी को तो देखा नहीं जा सकता
हिलते हुए वह भी झील का एक टुकड़ा हो सकता है

वह जो नाक फोड़कर भीतर से गुज़रती खिंचती रस्सी का तनाव है
उसे उस पर लदे बोझ में जोड़ लिया जाना चाहिए
और उसकी इकहरी काठी को यह कहने दिया जाए
—मांसलता जीने की अपरिहार्यता नहीं

रेत सूख गई सलिलाओं की खुजवाई पीठें हैं
एक ऐसा विस्फार जिसके बंजरपन को नागफनियाँ पूरती हैं

रेतीली हवाएँ हैं   रेत की घाटियाँ और रेत के पहाड़
रेत के बनते-बिगड़ते क्षितिज हैं
रेत-धर्म है यह

अवरोधों के अपने धर्म हैं   गति के अपने
एक चल पड़े ऊँट के लिए क्षितिज
गरदन के नीचे से गुज़रती हुई एक छाया-रेखा है

सारी रेत सारे ऊँट लगभग एक से, प्यास एक सी, बोझ एक से और
नकेलें भी

कभी-कभी यहाँ रेत में धँसते पाँव सुदूर अरब में उठते से दिखते हैं
और हिजाबों में उलझी रेत लम्बे घूँघटों से झरती लगती है

फल

पहला गोपन भेदा तो बीज फूटा
ज़मीन का अंधियारा तोड़

दूसरा गोपन भेद शाख फूटी
तने की कारा तोड़

तीसरे गोपन-भेद में पत्ती फूटी शाख से
चौथा गोपन भेदते ही दीप्त हो खिलखिलाने लगा पेड़

इस उजास को फूल नाम दिया गया
गोपनीयता के सारे व्यूहों को तोड़ने का फल था यह

प्रगति

पशु-पक्षी, कीट-पतंगे सब वहीं के वहीं रह गए
आदमी कहाँ से कहाँ पहुँच गया

प्यार को ही लें
अपने आदिम आग्रहों से ज़रा भी आगे नहीं बढ़ पाए हैं ये मोर
आज भी पंखों के इन्द्रधनुष छितराकर पसार
थिरक-थिरक मोहते हैं साथी को
जैसे उन्हें ओट लेकर निहारने वाले
वही दुष्यन्त-शकुन्तला हैं

प्यार के लिए कैसे-कैसे ठौर ढूँढ़ लिये हैं आदमी ने आज
नाज़ उठाने के कैसे-कैसे तरीक़े
और 'ना' के कैसे-कैसे हश्र इजाद कर डाले हैं

आदिम के आदिम रह गए हैं मोर
कहीं कोई मोरनी पंखनुची या गर्दन मरोड़ी नहीं मिलती

वसन्त के लिए

(चित्रकार अशोक सिद्धार्थ के एक चित्र को देख कर, जिसमें एक सूखे पेड़ के प्रतिबिम्ब में उसकी शाखाओं में पत्ते लगे हैं)

निपट सूख गया यह पेड़
अपने प्रतिबिम्ब में पत्ते पा गया है

प्रकृति का हो या फिर किसी और का
एकाधिकार टूटने की आवाज़
रंग जैसी भी हो सकती है

ठूँठ हो जाने के ठीक पहले के होंगे ये पत्ते
इनका पीलापन जैसे कह रहा है
हम हरे होते तो
समय कुछ और पीछे हो गया होता

रिवाइंड करो समय को चित्रकार
हम हरा होना चाहते हैं

वहाँ सखा वनस्पतियाँ मिलेंगी बहुतेरी
पेड़ की जगह पूरा जंगल मिलेगा

यक़ीनन पेड़ काटने वाले
हथियार-विचार भी मिलेंगे
कुछ जीवाश्म और रक्त का जम कर
कोयला हो जाना मिल सकता है
पीछे जाने के इस दौर में
पीछे जाने के लिए कोई नहीं कहता—
यह आम रास्ता नहीं है

तुम वसन्त के लिए समय को रिवाइंड करो चित्रकार

इस सूख गए पेड़ के पास
कई वसन्तों का अनुभव है

ताक़त की महिमा

शेरों के बल को कौन नहीं जानता
वे लड़े तो समझो एक की जान जानी ही जानी है

कुत्तों को भी सभी जानते हैं
मगर वे लड़ते-लड़ते दोस्त हो जाते हैं

गधों का भी अपना एक संसार है
पर उन्हें फ़ुर्सत ही कहाँ

मुर्ग़े लड़ते कम लड़ाए ज़्यादा जाते हैं
रंगीन कलगियाँ लिए हवा में लड़ते हुए
वे कैसे फबते हैं

हवा में फड़क-फड़क कर जितना लहू-लुहान होते हैं
लड़ाने वालों का ख़ून उतना ही बढ़ता है

घोड़ों को लड़ते हुए देखना एक अपवाद दृश्य है...
दुनिया के किसी कोने में जाओ ख़रीदने कोई
मोटर, इंजन

दुकानदार सबसे पहले पूछेगा
कितने हॉर्स पावर का?

दुनिया में घोड़ों की ताक़त का नपना चलता है

डूबना एक शहर का : प्रसंग टिहरी

अपने डूबने में यह हरसूद का समकालीन था
शहरों की बसासत के इतिहास को देखें तो
यह एक बचपन का डूबना था

इतिहास से बाहर जाएँ, जैसे मिथक में
तो यहाँ एक मुक्ति दा नदी बाँधी जा रही थी
और यह डूबना उसी का अभिशाप हो सकता था

यहाँ हर चीज़ अपने ही अंदाज़ में डूब रही थी
भरी हुई बाल्टियाँ, ड्रम, मग जग
समाधि जैसी ले रही थीं
ख़ाली बर्तन ना ना ना करते हुए डूब [illegible] थे

पानी की उठती दीवारों में वनस्पतिया[illegible] जा रही थीं आहिस्ता-आहिस्ता
जो जितना उम्रदराज़ था उसके उतने ही अधिक दिन डूबे

जिसके जितने अधिक दिन डूबे
उसकी उतने भर अधिक आयतन की यादें उभरीं

प्रारम्भिक पाठशाला की दीवारें अधिक उम्रदराज़ थीं बनिस्वत डिग्री के
जाने कितनी तबील उम्र लिए बैठा था श्मशान

सबसे पहले वही डूबा

आरतियाँ, अज़ान, अरदास सब डूबने में एक साथ थे
आन्दोलनों की दरियाँ डूब रही थीं धूल के साथ
ज़माने से नीचे-नीचे बहती आई नदी ने
पुल के गुरुत्व को लाँघ लिया था

वह आदमी जो इकत्तीस जुलाई दो हज़ार चार को शहर छोड़कर
गया बताया गया
उसकी पीठ देखने वाली कोई आँख न थी
सिवाय एक घंटाघर के
जो अपने डूबने से पहले
सबके डूबने के समय का इन्दराज करता रहा था

बाँध एक विचार था दोफाड़
कहना मुश्किल कि यह ख़ुशहाली का ऊपर उठता हुआ स्तर था
या एक दु:खान्त नाटक का रिहर्सल

बहरहाल
सावन-भादो इसे नगाड़े की तरह बजाते हैं
चाँद जमकर स्केटिंग करता है सतह पर

अभी यह शिवालिक की गोद में बैठा समुद्र का शावक है
अभी पर्यटक-आँखें, अपलक देख रही हैं इसका जल विस्फार

और विस्थापित मुँदी आँखें
अतल में सोई अपनी सिन्धु घाटी को देख रही हैं

वहाँ एक बच्चा डूबता है

(अएलियान कुर्दी[1] को समर्पित)

समुद्र ने कहा ही होगा लहरों से
अभी इस बच्चे ने दुनिया देखी कहाँ है
जाओ छोड़ आओ किनारे पर इसे

पर यह दुनिया देखने लायक छोड़ी ही कहाँ थी हमने
उसकी फिरी हुई पीठ यही तो कहती है

वह अपनी जान बचाकर भाग रहा था
बच जाता तो शरणार्थी हो सकता था
पर इसके लिए भी एक बच्चे को एक समुद्र पार करना था

जबकि उसके दौड़-भाग की दुनिया उसका आँगन थी
बहुत से बहुत पार्क

अपने भागने की परिधि से बाहर भाग रहा था वह
दरअसल वह नहीं भाग रहा था

---

1. सीरियाई गृह-युद्ध के कारण विस्थापित तीन वर्षीय अएलियान कुर्दी का परिवार शरण हेतु तुर्की से ग्रीस की ओर जा रहा था कि समुद्री लहरों की चपेट में उसकी माँ, बड़ा भाई और वह, नहीं रहे। तुर्की के समुद्र तट पर अएलियान कुर्दी की पीठ फिरी, वायरल फोटो ने पूरी दुनिया को झिंझोड़ कर रख दिया था।

उसे लिए हुए उसके माँ-बाप भाग रहे थे
जैसे पृथ्वी अपनी उपज लिये हुए भागती है

यूँ भी कोई भागेगा तो कहाँ से कहाँ तक
भागने के रास्ते खुले ही कहाँ हैं
स्कूल तो क्या कक्षा से बाहर नहीं भाग पार पा रहे हैं बच्चे
सवारियाँ अपनी सीटों से नहीं भाग पा रही हैं

हाँ, बख़्तरबन्द गाड़ियाँ, हथियार गोला-बारूद
कारख़ानों में ढल-ढल कर टहलते हुए से निकल रहे हैं बाहर
और बिला खरोंच ठिकानों तक पहुँचाए जा रहे हैं

अभी एक टैंक की गोद में बैठा आदमी ज़्यादा सुरक्षित है
बनिस्वत माँ-बाप की गोद में बैठे बच्चे के
और जान बचाकर भागने वाला नहीं
जान लेकर भागने वाला सुरक्षित है

ईश्वरों से भरी इस दुनिया में
किसी का भी ईश्वर आगे नहीं आता एक डूबते बच्चे को बचाने
जबकि हथियारों से लदे एक जहाज़ को डूबने से बचाने
दुनिया भर की बीमा कम्पनियाँ दौड़ पड़ी हैं

क्या ईश्वर किसी पालदार नाव का नाम है
कि वह हवा के रुख़ पर बहक जाए
या फिर वह झोले में रखा हथगोला है
कि जहाँ चाहो वहाँ फोड़ लो
वरना यह कैसे सम्भव है
जहाँ पर दुनिया की सारी विस्फोटता को निष्क्रिय
होने के लिए डूबना था
वहाँ एक बच्चा डूबता है...

अँधेरे के एक टापू से

(आँखों की जाँच कराते हुए)

दो बूँद पड़ते ही आँखों में दृश्यों की आमद बन्द क्या हुई
कि आवाज़ों की बारादरी खुल गई
छोटी-छोटी आवाज़ें भी दौड़ी चली आ रही हैं

कान अभी ऐसे दरबार हो गए हैं
जहाँ फुसफुसाहटों की भी सुनवाई हो रही है

क्या दृश्यों ने कुछ आवाज़ों को पीछे धकेल दिया था
या फिर अँधेरा आवाज़ों को तैराने में कश्ती का काम किया करता है

यह रात का वह अँधेरा तो नहीं ही है
जिसमें खुली आँखें भी नहीं देख पातीं

अभी यहाँ आवाज़ों की दुनिया का बोलबाला है
एक आदमी का सीना, थैली में टकराते
सूखे अखरोटों-सा घड़घड़ा रहा है
एक हँसी गुड़ के पाक-सी खिंचती चली गई है
एक आदमी अपनी बात को नाप-जोखकर ऐसे रख रहा है
जैसे गहरी नींव में पत्थरों की संगत बिठा रहा हो

बाहर पानी बरसने लगा है
बन्द आँखों ने अपने-अपने भीतर छतरी खोल ली है
बादल छँटने की तो कोई आवाज़ नहीं होती
लेकिन बाहर सड़क पर आवाज़ों का एक गट्ठर सिर उठाए
इंसाफ़ माँगने लगा है

हर आवाज़ कहती है मुझे ग़ौर से सुना जाए

पता नहीं क्यों बन्द आँखों का यह अन्तराल एक भय में तब्दील होता जा रहा है
क्या अँधेरा डर को हाथी बना देता है

दरअसल मेरा यह अँधेरा, बड़े अँधेरे की एक छोटी फाँक है
यह एक अवसर है
जब अँधेरे के एक टापू से बड़े अँधेरे को अन्दाज़ा जा सकता है
और रस्ता टोहती, दुनिया की सारी छड़ियों की नोकों को
सुना जा सकता है

तिब्बत बाज़ार

गया तो था एक गफ्फ मफलर के लिए
पर वहाँ ख़ुद को हींग खोजते हुए पाया

क्या ख़ुशबुएँ भी उम्रदराज़ हुआ करती हैं?

मैं अभी एक लामा औरत की गोद में बैठे बच्चे में अनूदित हो गया हूँ
जो अपनी रुलाई से माँ को हलकान किए हुए है
मैं प्लास्टिक की खिलौना-सीढ़ी से
उतर आया हूँ समय के बेसमेंट में
जहाँ माँ अपना अन्तिम हथियार इस्तेमाल करते हुए
कह रही है मुझसे
चुप हो जा, नहीं तो लामा पकड़ ले जाएगा

मैं पीठ पर बँधा हुआ बच्चा हो गया हूँ
और लामाओ के आने की ऋतु में
फिर कभी नहीं रोता

हेमन्त की निकासी में उनकी आमद छुपी रहती
उनकी आमद में छुपी रहती हींग
सारे बच्चे जब सोच रहे होते कभी न जाए हेमन्त
सारी रसोइयाँ बेसब्री से उनका इंतज़ार कर रही होतीं

सीमान्त पर जब कोई लामा डमरू बजाता दिखता
गाँव ख़ुशबू की दोशाला ओढ़ लेता

लामा हर साल आते मौसम विशेष में
पेड़ों पर वसन्त टाँककर चले जाते

एक बार वे बेमौसम आ गए झुंड के झुंड
जैसे पक्षी विहार में किसी ने गोली चला दी हो

उनके दुर्दिनों ने सारे खंडहरों को आबाद कर दिया था
वहाँ जब-जब उनकी सिसकियों की दीवारें उठतीं
बच्चों की मुस्कान-छतें उन्हें ढक लेतीं

लो थो चन्द्रसौर पंचाँग फड़फड़ाते रहे इस बीच

...यह बाज़ार उन्हीं के जीने का विस्तार है
मुझे एक गफ्फ मफलर ख़रीदनी थी यहाँ
पर मैं हूँ कि हींग की ख़ुशबू से बाहर नहीं आ पाया हूँ

एक बुज़ुर्ग ऊन के गोले बना रहा है दत्तचित्त
मैं उसे कहीं से उधेड़ना चाहता हूँ
उसके नज़दीक जाकर हींग की ख़ुशबू के बारे में पूछता हूँ धीमे से
वह मुझे तिब्बत के बारे में बताने लगता है...

यहीं उगेंगे

(ललितपुर से तालबेहट जाते हुए)

यहाँ कुछ नहीं उगना था
पत्थर ही पत्थर उगने थे ललछौंही मिट्टी के बीच

पत्थर भी जैसे हड्डियों का ढाँचा लिये
कोई प्रागैतिहासिक पशु-कूबड़

इसी अड़ियल-हड़ियल ढाँचे में कहीं-कहीं खड़े कुछ पेड़
ज़िद की तरह

बाँके बौने पर्णहीन

'कि यहीं उगेंगे'
इस ज़िद ने इन्हें कितना सुन्दर बना दिया है

वेश्यालय में छापा

(मंटो को याद करते हुए)

मेरी देह न ले जाओ साहब
मेरी आत्मा ले जाओ
मेरी आत्मा के पास कोई रोज़गार नहीं है

मेरी रोज़ी-रोटी में रोड़ा अटकाती है यह आत्मा
और तुम्हें आत्मा की सख़्त दरकार है
मेरी आत्मा ले जाओ   देह छोड़ दो

यही मेरी खिड़की है   यही मेरी देहरी

इस देह ने पोषा है मुझे
मैं नहीं दे सकती इसे
मैं तो मरने पर भी देहदान की नहीं आत्मा दान की सोचती हूँ

आत्मा निरोग होती है साहब
उसे खुजली नहीं लगती
वह निर्मल है उसे किसी भी साबुन की ज़रूरत नहीं
कपड़े नहीं सीने पड़ते उसके लिए बटन कहीं से नहीं खोलने होते

आत्मा के दिन फिर से बहुरने वाले हैं साहब

यह देह से ज़्यादा कमाई देगी
देह छोड़ दो   आत्मा ले जाओ

मैं अपनी इस आत्मा से आँखें नहीं मिला पाती हूँ
देह से मैं चौबीसों घंटे बतियाती रहती हूँ
कभी शीशे के आगे जाती हूँ कभी पीछे
कहती रहती हूँ देह से
तुम भी बनिये की तरह कम तौला करो
ऐसे काम नहीं चलने का
कोई परदा खोलने को कहता है तो तुम इज़ारबन्द खोलने लगती हो

मेरे पास आत्मा का कोई भी काम नहीं है
देह के पास काम ही काम हैं
कई बार मैंने आत्मा को बिछाना चाहा देह की जगह
क्या पता दूसरे की आत्मा जागृत हो जाए
पर जो भी आया
आत्मा को जूती के साथ बाहर ही छोड़कर आया

तुम इसे जूती की तरह पहनकर चले जाओ साहब
और बता दो दुनिया को
इस बस्ती में देह नहीं
आत्मा का व्यापार चलता है

मेरी देह छोड़ दो

सहेलियाँ

आज बेटी सुबह से ही व्यस्त है
सहेलियाँ घर पर आएँगी

खाना होगा
गपशप होगी ख़ूब

चीज़ें तरतीब पा रही हैं
ओने-कोने साफ़ हो रहे हैं
ख़ुद की भी सँवार हो रही है
पिता तक पहुँचती आवाज़ में माँ से कह रही है
—यही पहनकर न आ जाना बाहर

नोयडा से रुचि आई है
बेंगलुरु से आयशा
विश्वविद्यालय के कल्पना चावला हॉस्टल से आएगी तरु
सरोजनी से दिव्या

शिल्पी बीमार है, वह छटपटाएगी बिस्तर पर

...ग्यारह बजे आ जाना था उन्हें
बारह बज गए हैं

बेटी टहल रही है मोबाइल पर कान लगाए

वे शायद आ रही हैं
मोड़ की उस ओर जहाँ आँखें नहीं पहुँच रहीं
आवाज़ों का एक बवंडर आ रहा है

हाँ, वे आ गई हैं
कॉल बैल दबाने से पूरा नहीं पड़ रहा उनका

गेट का दरवाज़ा पीट रही हैं थप-थप-थप्प
जैसे यह बहरों का मुहल्ला है

अधैर्य का एक पुलिन्दा मेरे गेट पर खड़ा है

वे गेट के भीतर क्या आ गई हैं
कहीं एक बाँध टूट गया है जैसे
कहीं आवाज़ों के विषम शिखरों का एक ऑर्केस्ट्रा बज रहा है
कहीं चिपको नेत्रियों द्वारा एक घना जंगल बचाया जा रहा है कटने से

ये अब कमरे के भीतर आ गई हैं
धम्म-धम्म-धम्म सोफों पर ऐसे गिर रही हैं
जैसे पहाड़ खोद कर आई हैं

थोड़ा ठंडा-वंडा
थोड़ा चाय-बिस्कुट
थोड़े गिले-शिकवे...

और अब सबकी सब अतीत में चली गई हैं
एक ग्रुप फोटो के साथ...
वे कॉलेज के अन्तिम वर्ष के विदाई समारोह में खड़ी हैं अभी

पहली-पहल बार साड़ी पहने हुए
सब एक बार फिर लजाती निकल रही हैं अपने-अपने घरों से
साड़ी कुछ माँ ठीक कर रही है, कुछ बहन, कुछ भाभी
ऊपर कन्धे पर ठीक हो रही है, कुछ पैरों के पास झटक-झटक कर

एक, स्कूटर पर पीछे बैठी असहज-असहज है
दूसरी स्कूल वैन में बैठने के पहले
कई बार गिरते-गिरते बची है
तीसरी ख़ुद को कम
देखने वालों को अधिक देख रही है

मरी-मरी जा रही है
भरी-भरी जा रही है

कॉलेज के प्रवेश द्वार पर असहजता का एक कुम्भ लगा है
वे अपने ही भीतर डुबकी लगा रही हैं
उनके भीतर ही भँवर हैं भीतर ही चप्पू
भीतर ही मंझधार हैं भीतर ही किनारे

उचक-उचक कर चहक रही हैं
चहक-महक कर मन्द्र हो रही हैं

...अब उनकी बातों की ज़द में सहपाठिनें हैं
ये चौथी लाइन में तीसरे नम्बर पर खड़ी बड़ी चुड़ैल थी जी
और वह दूसरी लाइन वाली कितने बहाने बनाती थी क्लास में
भई मिस नागर का तो कोई जवाब नहीं

अभी यह कमरा कमरा नहीं
एक ही पेड़ पर कुहुक रही कोकिलाओं का जंगल-पल है

...धीरे-धीरे कमरे का सामुदायिक राग कम हो रहा है
अब एक बार में एक स्वर मुखर है
अपने-अपने अनुभव हैं अपनी-अपनी बातें
फिर जैसे अचानक एक रेलगाड़ी लम्बी सुरंग में प्रवेश कर गई है
...चुप्प...
और फिर जैसे अचानक सभी दिशाओं में सूर्य उग आए हैं
पखेरू चहकने लगे हैं
किसी ने मोती की लड़ियाँ तोड़कर बिखेर दी हैं
खिल-खिल का ऐसा ज्वार कि जैसे
संसार के सारे कलुष धुल गए हों

भीतर हम भी देश-काल से परे हो गए हैं
ये सब सँजो लेंगी इन पलों को
हम समो लेंगे

...समय बीत गया है
पर इनकी बातें नहीं

अब ये सब टा-टा, बाई-बाई कर रही हैं
इस छोर पर एक माँ कई बेटियों को विदा कर रही है
उस छोर पर कई माएँ आँखें बिछाए खड़ी हैं

यहीं कहीं एक लड़का केमिस्ट की दुकान पर खड़ा
एसिड की बोतल ख़रीद रहा है

मैं एक भ्रूण गिराना चाहती हूँ

(बलात्कार अभियुक्त अवयस्क बेटे से एक माँ का आत्म संवाद)

कैसे कह दूँ तुमने मेरा दूध नहीं पिया था
तुम्हारे आने से ही तो मेरा होना सार्थक हुआ था
तुमने बहनों के आने से हुई रिक्तता भर दी थी

मैं कैसे कह दूँ तुमने मेरा दूध नहीं पिया था
तुमने तो इतना पिया था इतना कि
मुझे तीतेपन की शरण तक जाना पड़ा था

तुम्हारे आने को सूँघते हुए चला आया था एक झुंड
नाल सूखने के पहले ही ले गया अपना नेग

घटाएँ नहीं, वे बहनें थीं तुम्हारे चेहरे पर झुकी हुईं
सात तालों पीछे छुपाई गईं वे सोने की छड़ें नहीं,
तुम्हारे मुंडन-केश थे

तुम्हारे लटपटे बोलों के असंख्य अर्थ थे हमारे लिए
भाषा के बाहर रह कर तुम हमें अर्थों के जंगल में टहलाते रहे
ज्यों-ज्यों साफ़ होते गए तुम्हारे बोल
हमारी अर्थ-कयासों की दुनिया सिमटती गई

तुम आँखें मूँदते थे तो हम सब सपने देखने लगते

तुम्हारे जल्दी-जल्दी छोटे पड़ते कपड़े
हमारी बढ़ती ख़ुशी के बैरोमीटर थे
तुम इंच-इंच जितना पुरुष होते गए
हमारी वैतरिणी का पाट छोटा होता गया

एक दिन तुम्हारी आवाज़, मसें और दोस्त सब
देह की देहरी पर खड़े हो गए

कहाँ जा रहे हो मैंने पूछा नहीं कभी
कहाँ से आ रहे हो पिता ने नहीं पूछा
तुम्हारा पहली बार रात देर से आना तुम्हारे बड़े हो जाने की एक ख़बर थी

पर इन देरियों से एकदम निश्चिन्त थे हम
हमारी माँगी हुई मन्नतें व गंडा-ताबीज तुम्हारे साथ जो थे
कलावे थे हाथ में कि कोई और हाथ न उठा सके तुम पर
लेकिन हमारे पास कोई ऐसा कलावा नहीं था
जो दूसरों की आबरू के लिए उद्यत तुम्हारे हाथों को रोक सकता

तुम्हारी आँखों के रास्ते हमें एक सुन्दर दुनिया देखनी थी
तुम्हारे उठे हाथों में हमें एक नया ग्लोब देखना था
तुम्हारे पावों में नए-नए रास्ते लिपटे हुए थे
पर ये सब तो तुम्हें पशु बनाने के लिए इकट्ठा हो गए

मैंने तो किलकारी का एक पौधा लगाया था
वह अब चीत्कारों के फल देने लगा है

क्या कमान से निकला हुआ तीर वापस हो सकता है
क्या कोई अपने भ्रूण-समय में पीछे जा सकता है

मैं एक भ्रूण गिराना चाहती हूँ...

वजीरा! पानी पिला दे

(चन्द्रधर शर्मा 'गुलेरी' की कहानी 'उसने कहा था' के 100 वर्ष पूरे होने पर)

वजीरा! पानी पिला दे
लहनासिंह पानी माँग रहा है वजीरा
पानी पिलाओ उसे
जल्दी...

उसे फिर से स्मृति के गलियारे में जाना है
जहाँ सूबेदारिनी उसका इंतज़ार कर रही है

पानी पिला वजीरा पानी पिला
लहना स्मृति में नहीं जाएगा तो
देखने लगेगा जाँघों से फूटते ख़ून का फव्वारा
उसे स्मृति में जाने दो

मरणांतक कष्ट के बीच इस वक़्त
स्मृति एक दिलासा है

वहाँ स्मृति में मीठे शब्द-सम्बोधनों का एक जोड़ा टहल रहा है
'तेरी कुड़माई हो गई?'
'धत्'
मिश्री की डली-सा प्रश्न था वह

जिसे लड़की सहेजे चली गई
और लड़के के स्मृति कोष में चला गया लड़की का
उलाहना भरा उत्तर
लहना करवट बदल-बदल कर
प्रश्न भी कर रहा है उत्तर भी

'वजीरा पानी पिला दे'
वाक्य नहीं एक पुल है यह
इसी से होकर हजारा और बोधा लौट रहे हैं हिन्दुस्तान

वजीरा सोच,
ठंड और बुखार से बोधा मर जाता तो?
सूबेदार हजारा फँस जाता कहीं तो
तो क्या कहती सूबेदारनी?

कहाँ गई मेरी गोद
कहाँ गया मेरा सुहाग?

देखो, सुहाग भी सुरक्षित है तुम्हारा,
तुम्हारी गोद भी
लाम पर जाते वक़्त यही तो कहा था तुमने ना?

वजीरा उसे पानी पिला दे

ऐसी प्यास पहले कभी नहीं लगी उसे
न ऐसे-ऐसे दृश्य ही देखे
आकाश में जड़ें फैलाए एक पेड़ की नीचे लटकी टहनियों से
एक चट्टान में खड़ा होकर
फूल तोड़ रहा है लहना

कहानी से बाहर आओ वजीरा

वजीरा, कैसा लगा होगा सूबेदारनी को
जब सूबेदार हजारा ने बताया होगा घर पर
कि लहना खंदक में
हमारी पहरेदारी देते मारा गया
उसने सन्देश भिजवा कर
मुझे काल के मुँह से वापस बुलाया

वजीरा कैसा लगा होगा
जब बोधा ने बताया होगा माँ सूबेदारनी को
यह जो जर्सी पहन रखी है ना माँ,
लहना की है
जब खंदक में मेरी देह कड़कड़ाती ठंड में जम रही थी
लहना ने अपने शरीर से उतार कर मुझे पहना दी थी
यह कहते हुए कि
मुझे बहुत पसीना आ रहा है इसे पहनकर
तब सूबेदारनी ने बेटे को पलाशने बहाने
खूब-खूब छुआ होगा ना उस जर्सी को

जर्सी में जगह-जगह रोयें उठ आए होंगे ना!

आँखें जो खुलीं तो...

(हरिपाल त्यागी द्वारा बनाए गए मुक्तिबोध के चित्र को देखकर)

यह कौन-सी तीली से जला रहे थे अपनी बीड़ी तुम
कि जलती हुई इस तीली के स्फुलिंग-आलोक में बहुत-कुछ देखा जा
सकता है आज भी

चेहरे की हड्डियों का वह आदिम उभार
उँगलियों के बीच बीड़ी की हल्की फँसान
कमीज़ के कालर का उखड़ा-उखड़ा मिज़ाज बदरंग
और खिचड़ी-खिचड़ी बाल
भेड़ियों के आगमन-ख़तरे को भाँपते हुए से

कान, जैसे किसी विशेष आदेश के तहत बनवाया गया हो
कि अधिक से अधिक को सुना जा सके
और अँधेरे में भित्ति छोड़ते पलस्तर के गिरने को लपका जा सके
प्रत्यंचा से छूटने छूटने को तैयार-सी नासिका

आँखें जो खुलीं तो विचार चले जाएँगे

लौ के मध्यम से उजाले में सिकुड़े हुए इस माथ को
और भी ग़ौर से देखना होगा
इसी के भीतर तनावों की एक सराय है...

गिर्दा की ओर से

(जनकवि गिरीश तिवाड़ी 'गिर्दा'[1] के न रहने पर)

भुला!
हुड़के को उँगलियाँ चाहिए थीं
और हारमोनियम को भी
सो कभी हुड़का बजाया कभी हारमोनियम

रही होगी आत्मा दार्शनिकों के लिए अदृश्य-अजर-अमर जाने
क्या-क्या
मेरे लिए तो वह हुड़का हुई, हारमोनियम हुई
सो मैं आत्मा से आत्मा बजाता रहा

कभी चोटियों में बजाया कभी घाटियों में

---

1. उत्तराखंड के जनकवि गिरीश तिवाड़ी 'गिर्दा' कुमाऊँनी व हिन्दी में कविताएँ लिखने के अलावा सामाजिक-सांस्कृतिक-राजनैतिक जन आन्दोलनों में सक्रिय भागीदारी निभाते रहे। हुड़का व हारमोनियम उनके गीत-संगीत के वाहक-वाद्य रहे। उन्होंने फ़ैज़ अहमद 'फ़ैज़' व कई हिन्दी कवियों के कुमाऊँनी में अनुवाद भी किए। रंगमंच से भी उनका गहरा जुड़ाव रहा। 'भुला' व 'बैणी', छोटा भाई और छोटी बहन के लिए आत्मीय सम्बोधन हैं। गैरसैंण—उत्तराखंड राज्य की प्रस्तावित राजधानी, मुजफ्फरनगर : पृथक् उत्तराखंड राज्य के समर्थन में दिल्ली जाती महिलाओं के साथ यहाँ प्रशासन द्वारा अमानुषिकता की सारी सीमाएँ लाँघ दी गईं। 'जैंता, एक दिन तो...' गिर्दा द्वारा लिखित एक प्रसिद्ध परिवर्तनकामी गीत।

कभी चीड़-देवदारू के बीच सरसराती हवा ने संगत दी
कभी नदी की कल-कल ने

हारमोनियम के पास तो फेफड़े हुए ग़ज़ब के
और हुड़के के पास भूखे आदमी-सा पेट हुआ
सो फेफड़ों के लिए गाता रहा, पेटों के लिए बजाता

अब देखना तो सब कुछ हुआ ना भुला
होली की फगुनाहट देखनी हुई तो
जंगल बचाने की भी जुगत करनी हुई
समाज देखना हुआ संस्कृति भी
राग भी गाना हुआ विराग भी
बैणा बता, हुआ कि नहीं

अब मैं तो ऐसा ही ठहरा ना
कुल तीन फेरे लिए ठहरे शादी के मंडप में
सात हो भी जाते तो भी क्या पूरा पड़ता मेरा
मुझे तो नापना हुआ जाने कहाँ-कहाँ
और इसी जनम में नापना हुआ

...आँख कहाँ देख पाती है अपने को ही भुला
मैंने भी अपनी शव यात्रा नहीं देखी

तुम्हीं बताते हो एक-दूसरे को
कि मैं कन्धे कन्धे टहला हूँ दूर तक और देर तक
जिसकी पार्थिवता को बैणियों तक ने कन्धे दिये
उसके लिये कोई भी लोक-परलोक कहाँ हुआ

यूँ पैर तो मेरे हमेशा अपनी ज़मीन पर रहे
पर मन तो मेरा हुआ सब जगह ना

अब मुलुक पाकिस्तान हो या भारत
जगह सियालकोट हो या नैनीताल
अब फ़ैज़ तो फ़ैज़ हुआ ना
ओड़-बारुड़ि-ल्वार-कुल्ली-कभाड़ि
कभी एक मुल्क के हुए क्या
ये तो सब जगह के हुए और वैसे इनके लिए कोई जगह नहीं हुई
अमीरों के चैन चुपाड़े सब जगह हुए
ग़रीबों की पीसापीस हर जगह हुई[1]
सो इन्हीं के लिए मेरे गीत हुए
इन्हीं के लिए संगीत

अब जनम तो एक ही हुआ ना
इसी में लिखना था इसी में गाना
चाहे किसी का विरुद गाता या फिर जनगीत
सो यही गाया—'जैंता, एक दिन तो आलो...'

जाना तो एक दिन सभी को हुआ न भुला
दीया कहो चिराग़ कहो कुछ देर का ही सही
उजला तो हुआ ना
बस चिराग़ से चिराग़ जल जाए
दीया से दीया बल जाए
तो मरना कैसा?

---

1. कुमाऊँनी के प्रसिद्ध लोककवि शेरदा 'अनपढ़' की कविता पंक्ति का भाव।

मेरे आक़ा बताओ...

(वीरेन दा को समर्पित, उनकी कविता 'तोप' को याद करते हुए)

एक युद्ध-जर्जर टैंक के पास बैठा हूँ
कह सकता हूँ क़ब्र के पास बैठा हूँ

क़ब्र के पास बैठा हूँ
बैठे-बैठे तेरह-चौदह का हो गया हूँ
बस्ता लटकाए स्कूल जा रहा हूँ
हाफ टाइम में दो सहपाठियों की गुत्थमगुत्था देख रहा हूँ

दोस्ती दुश्मनी का क्या
लोगों में होती है, देशों में होती है—होती रहती है
पर टैंक तो हमेशा टैंक ही रहता है
फूल कभी नहीं बरसाता

सबके रक़्त में लोहा पाया जाता है
इसके लोहे में रक्त ही रक्त

अभी मरे दैत्य-सा सामने पड़ा है कभी का अमर्त्य यह
दूर से राख मले ऋषि-सा लगता है ध्यानस्थ

कभी-कभी लगता है यह देवकीनन्दन खत्री का कोई अय्यार पात्र है

कि इसे मरा समझ निश्चिन्त हो जाएँ सब और यह
अपना काम फिर शुरू कर दे

आतताई इरादों का पूर्वज है यह दुनिया-भर के शस्त्रों का रक्त सम्बन्धी

एक समुद्री जहाज़ लादकर ला रहा है
नई मारक क्षमता से लैस संवर्धित टैंकों की खेप
इन्हें उन बमबर्षक विमानों को भेदना है
जो टैंक भेदने के अभ्यास में जुटे हैं अभी

बोतल से बाहर निकले इन जिन्नों को देख
दूर से मुस्करा रहा है सौदागर-गिल्ड

फेन उगलती हुई समुद्र चीरती आवाज़
दूर से दूरतर जाती, कहती-सी—
मेरे आक़ा बताओ, क्या हुक्म...?

उत्खनन

केवल सभ्यताएँ नहीं मिलतीं
उत्खनन में सभ्यताओं के कटे हाथ भी मिलते हैं

आप इतिहास में दर्ज एक कलात्मक मूँठ को ढूँढ़ने निकलते हैं
उसकी जगह कलम किया हुआ सिर मिलता है

चाहे से, न चाहा गया अधिक मिलता है कभी-कभी

यह बिल्कुल सम्भव है कि कभी
गांधी को अपने तरीक़े से खोजने निकले लोगों के हाथ
चश्मे के एक जोड़े के पहले
कटी छातियों के जोड़ियों से मिलें

शायद ही कोई बता पाए
ये इधर से उधर भागतीं स्त्रियों के हैं
या उधर से इधर भागतीं

और शायद ही मिले चीख़ पुकारों का कोई संग्रहालय

मिलेगा तो कोई यह कहते हुए मिलेगा पीछे मुड़ते हुए
कि बर्बरों को फाँसी पर लटका दिया गया है

और वह भी इस वज़न से कहेगा
जैसे—मंशाओं को फाँसी पर लटका दिया गया है

उत्खनन में मंशाओं की बड़ी भूमिका होती है

एक सिरफिरे बूढ़े का बयान

उसने कहा—
जाऊँगा

इस उम्र में भी जाऊँगा सिनेमा
सीटी बजाऊँगा गानों पर उछालूँगा पैसा
बिग बाज़ार जाऊँगा माउंट आबू जाऊँगा नैनीताल जाऊँगा
जब तक सामर्थ्य है
देखूँगा दुनिया की सारी चहल-पहल

इस उम्र में भी जब ज़्यादा भजने लगते हैं लोग ईश्वर को
बार-बार जाते है मन्दिर-मस्जिद-गिरजे
जाऊँगा...मैं भी जाऊँगा...ज़रूर जाऊँगा
पूजा अर्चना के लिए नहीं
इसलिए कि देखूँगा
कैसे बनाए गए हैं ये गर्भगृह
कैसे ढले हैं कँगूरे, मीनारें, कलश
और ये मक़बरे

परलोक जाने के पहले ज़रूर देखूँगा एक बार
उनकी भव्य बनावटें

वहाँ कहाँ दिखेंगे
मनुष्य के श्रम से बने
ऐसे स्थापत्य

फूलों के शहर में बच्चे

(पेशावर में आर्मी स्कूल के बच्चों पर हुए आतंकी हमले पर)

ये इनके खेलने के दिन थे

इनके गले में आवाज़ें अपनी पंखुड़ियाँ खोलने लगी थीं
चेहरे पर मसों की बगिया सिंचने लगी थी

इनकी कल्पनाओं को खुलना था छाताधारी सैनिकों की छतरियों की तरह
साइंस, गणित, कला, संगीत की भीतरी परतों को
खोल-खोल कर समझने के दिन थे ये
साइबर स्पेस में अपनी जगह बनाने के दिन थे

इनके माँ-बाप के चेहरे भी खिलने को तैयार से दिन लिये बैठे थे
कि हत्यारे दुर्दिन बन कर आ गए

खिलते फूलों के चटाचट चटखने की आवाज़ें आने लगीं

अगर ये 132 बच्चे थे तो 132 जन्मदिन थे इनके
इन्हें एक ही दिन की पुण्यतिथि में बदल के रख दिया गया

उनके अपने कुर्सी मेजों दरवाज़ों ने उन्हें बहुत बचाने की कोशिश की थी
अपने नीचे पीछे

पर हैवानियत के हाथ बहुत लम्बे थे
उन्होंने दीवारों तक को छलनी कर दिया था यह जान कर कि
दीवारों के भी कान होते हैं

होने को तो आदमी ही थे वे भी
अपनी माँओं के गर्भ से चिड़ियों की तरह कोमल और निर्दोष पैदा हुए थे
पर दुनिया में कहीं इंसानियत के स्कूल चल रहे होते हैं तो कहीं हैवानियत के

कौन विश्वास करेगा ये छितरे हुए हाथ पाँव बिल्कुल वही हैं
जिनकी मार गर्भ के भीतर पड़ती थी तो खुशी से उछल जाती थीं माँएँ
और कान सटा कर सुनवाती थीं पिता को
और यह बहता ख़ून उन्हीं छातियों के दूध की नींव पर खिला दौड़ता था
बदन भर में

ये 132 बच्चे थे तो इतनी ही माँएँ भी रही होंगी इनकी
पर इन्होंने आज दुनिया में करोड़ों माँओं को जन्मा दिया है

यही तो वह शहर था ना जहाँ कभी
'फायर' आदेश पर गोली चलने के बजाय
सारी बन्दूकें ज़मीन पर टिका दी गई थीं मनुष्यता को बचाने के लिए[1]
फूलों के शहर में फूल से बच्चों की हत्या
पूरब-पश्चिम, उत्तर-दक्षिण कौन-सी दिशा से आए तुम दिशाहीनो
अपनी आत्मा में बुल्डोजर बाँधे

---

1. 1930 में पेशावर में निहत्थे आन्दोलनकारियों पर अंग्रेज अफसरों द्वारा गोली चलाने के आदेश पर गढ़वाल रेजिमेंट के वीर चन्द्रसिंह गढ़वाली द्वारा गोली चलाने से इनकार कर दिया गया था। फलत: गढ़वाली की यूनीफार्म वहीं पर सार्वजनिक रूप से फाड़ दी गई। उन्हें व अन्य 59 सिपाहियों को मृत्युदंड की सजा सुनाई गई जो अंतत: आजीवन कारावास में बदल गई।

क्या ही अच्छा होता
अगर तुम बच्चों को मारते हुए मरने के बजाए
बच्चों को बचाते हुए मारे जाते...

भूकम्प

बीज
जो बोए जाते रहे
पर अंकुआए नहीं

गुस्से
जो जज़्ब कर-कर
दफ़ना दिए गए अतल में

सारी भूमिगत असफलताएँ
या जीवाश्म या भूमिस्थ दबाव ऐसे
जिन्होंने इनकार कर दिया हो
बनने से सोना, चाँदी, ताँबा, अभ्रक, कोयला...

क्या सारी घुटनों ने मिलकर सिर उठा लिया है अचानक?
या
पृथ्वी की किसी नवदंता ने
रसपान विभोरता में गच्च से गड़ा दिया है दाँत
कि चिहुँक उठी है माँ
और अनायास झटका है बच्ची को
इस तरह कि छाती से परे तो हो
पर गोद की परिसर के बाहर नहीं

यह प्रेम फूटता है या गुस्सा अतिशय
या फिर दोनों कहीं गहराई में जाकर एकमएक हो जाते हैं
कि जीवन और मृत्यु दोनों अभी एक ही सीमान्त पर खड़े हो गए हैं

कुछ बहाव रुक गए हैं कुछ बाँध खुल गए हैं

पृथ्वी जो एक बड़ा-सा घर है
इसी के भीतर कई हुए हैं बेघर

तेरहवीं का कार्ड

पकड़ना इसे असहज होना है
मृत्यु की छाया को पकड़ने सा

गम्भीर मुद्रा में थमा गया है कोई भारी हाथों से

काग़ज़ ही तो था कोई संक्रामकता नहीं
पढ़कर बाहर ही फाड़ दिया गया चिन्दी-चिन्दी कर
कि जुड़ न सके फिर

सफ़ेद कार्ड पर काली इबारत नहीं
काल की इबारत है यह

एक आदमी जल्दी-जल्दी निपटाने के क्रम में
बच्चे को ही थमा गया है इसे
बच्चा है कि हाथ में लिये दौड़कर चला आ रहा है भीतर लहराता हुआ

फणधर के फन को कुचलता हुआ सा...

पिता

असमय ही सम्बोधन की पात्रता छीन ले गया समय

दूसरे बच्चे जब सम्बोधित करते थे-पिता!
अपने पास केवल उच्चारण की सिंफनी सुनने का विकल्प था
कभी-कभी एकान्त में हमने भी कहा पिता!
पर उस पार प्रेम का कोई लहराता सागर नहीं था
न कोई पहाड़
न कोई प्रतिध्वनि ही

पिता शब्द नहीं
एक धातु हो गया
अपनी अनुपलब्धता में सबसे महँगा
पेड़-सा खड़ा था, फला था जो कभी
दबावों के भीतर सघनतम होता हुआ एक भूमि समय
और व्याकरण की तह में पड़ा एक जनक शब्द भी
जिसका स्मरण
आशयों के भटकाव से बचाता है...

अब मैं एक पिता हूँ
मेरी बेटी जब मुझे आवाज़ देती है पिता!
मैं एक सघन वृक्ष बन जाता हूँ

मुझे लगता है कोई लतर मुझ पर तिर्यक ऊर्ध्वता के
साथ लिपटती हुई
मेरे सीने में आकर पुष्पित हो गई है

उसकी हज़ारों हज़ार पंखुड़ियाँ हैं...

इबादत घर

दरअसल हमने
अपने ही मान-मर्दन के लिए बनाए थे ये

हम नत् सिर थे
बारम्बार नत् सिर थे
दिन में कई-कई बार

हम ही इन्हें देख अब
गर्व से फुफकारने लगे हैं

प्लॉटिंग, एक ज़मीन की

सन्नाटा जहाँ त्वचा की तरह चिपका रहता था
भय भरी दोपहरी में साँकले खटखटाता था
भदेसपन फैला रहता था आर-पार
उस ज़मीन की भी अब प्लाटिंग हो गई है
ऐसी जगह में जिसने सबसे पहले अपने प्लॉट को मकान में बदल दिया है
उसे साहसी नहीं तो और क्या कहेंगे

अकेले मकान का मतलब
चीख़ो तो ख़ुद ही सुनो
सियार भूकें तो भूँकते चले जाएँ
किसी भी दिशा से आ सकता है कोई, कुछ भी ले जा सकता है
जान को भी एक सामान ही समझो

ऐसे में अभी एक कुत्ता चहारदीवारी बन गया है पहले मकान की
जहाँ नींद ब्याही बिटिया की तरह आती है

कुछ आश्वस्तियाँ भी हैं
जैसा जो कुछ है अपना है
साग-सब्जी उग रही है आस-पास
कुर्सी को खिसका कर ले जाया जा सकता है आऽऽगे तक
कपड़े देऽऽर तक सूख सकते हैं

भय और स्वच्छन्दता का अजीब-सा रसायन है यह अकेला मकान

इधर अब दूसरा प्लॉट भी आबाद हुआ जा रहा है
भय और स्वच्छन्दता दोनों कम हो गए हैं
छतों पर बातों के तार तनने लगे हैं
दूध, पत्ती, रिंच, पेचकस, बच्चे-बूढ़े
इधर से उधर, उधर से इधर आने-जाने लगे हैं

कुछ खर-पतवार भी उग रहे हैं दिमाग़ों में
उनका दरवाज़ा-हमारा दरवाज़ा, उनका शीशा-हमारा शीशा, उनका किचन-हमारा किचन
जीवन जगह-जगह से सिर उठा रहा है

छूटे हुए प्लॉटों की भी अपनी-अपनी कहानी है
इनमें से कुछ तो बहुत ही सोच-समझ कर लिए गए हैं

इतने कि इनमें कुछ बनने से ज़्यादा कुछ न बनना ही समझदारी का काम रहा है
प्लॉट नहीं, इन्हें आप ठंडा करने को रखा गया गर्म दूध कह सकते हैं
जिनमें मलाई की मोटी परतें जमने का इन्तज़ार है

छूटे हुए प्लॉट बिक रहे हैं
बिक-बिक कर आबाद हो रहे हैं
बिकने-ख़रीदने-बनने के कई-कई पिरामिड बन रहे हैं
भय और स्वच्छन्दता के लिए अब काफ़ी कम जगह रह गई है

समय के साथ अब यहाँ केवल एक प्लॉट रह गया है आबाद होने से
पता नहीं यह सबसे समझदार आदमी का प्लॉट है या सबसे मजबूर आदमी का
शुरू में तो यह पड़ोसियों के सौहार्द का मिलन स्थल था
अब उनकी बढ़ती महत्त्वाकांक्षाओं का बफर स्टेट है
जो भी हो, इसी में गिरता है अब सारे घरों का कचरा

इसी में किसम-किसम की गन्दगी का ठिकाना है
सुअरों का विश्राम स्थल है यह, मच्छरों का प्रसूति-गृह

जहाँ कभी साँझ खेलते-कूदते बच्चों के कोलाहल बग़ैर ढलती नहीं थी
वहाँ सुबहें अब कचरा बीनते बच्चों की चुप्पी से उगा करती है

यहाँ उग रहे पेड़ों ने अपनी जड़ें गहरा ली हैं और घासों ने फैला ली हैं
बहा-बीटा-फेंका सब कुछ पनप रहा है बेतरतीब
सरीसृप रेंग रहे हैं
सभी नाक सिकोड़ते कहते हैं प्लॉट बजबजा रहा है बुरी तरह
पर एक चुप्पी कहती है
यहाँ मिट्टी सोना हो रही है...

आज की प्रमुख ख़बर

(जापान के फुकुशिमा परमाणु संयंत्र में रिसाव की ख़बर पढ़कर)

'चेरी के पेड़ पर फूल खिले दिखे'
यह आज के अख़बार की प्रमुख ख़बर है

शाम को सूरज ढल गया
पृथ्वी घूम रही है
सुबह मुर्ग़े ने बाँग दी
ये भी कोई ख़बरें हैं?

ख़बर तो होती
आज शाम सूरज डूबा नहीं
आज पृथ्वी घूमी नहीं
आज मुर्ग़े ने बाँग नहीं दी

ख़बर तो होती
अबके चेरी के पेड़ पर फूल नहीं खिले...

ख़बर तो यह थी
कि फुकुशिमा के परमाणु संयंत्र में दरार आ गई है
विकिरण फैल रहा है हवा और पानी में तेज़ी से

ख़बर तो यह थी कि बूढ़ी आँखों में
हिरोशिमा और नागासाकी की पुरानी रीलें तेज़ी से घूमने लगी हैं
ख़बर तो यह थी कि बाहरी लोग छोड़ रहे हैं फुकुशिमा
स्थानीय लोग स्वास्थ्य शिविरों की ओर दौड़ रहे हैं
और आशंकाओं का एक ज्वार उमड़ आया है लोगों के मन में
—क्या फिर से वनस्पतियों को लील जाएगा बंजरपन
क्या फिर से कोखों में विकलांगता पसर जाएगी

परमाणु विकिरण से भी तेज़ फैल रहा है भय का विकिरण

जिन आँखों ने रात भर देखे
गिरते गर्भ, बंजर धरती, झुलसी वनस्पतियाँ, अन्धे-लूले स्वप्न
उन्होंने सुबह उठते ही देखा
कि चेरी के पेड़ पर फूल खिल आए हैं

भला आज की तारीख़ में इससे बड़ी ख़बर और क्या हो सकती थी
'चेरी के पेड़ पर फूल खिले दिखे'

पुरखों के साथ

मेरे पाँव पवित्रतम जल से पखारे गए थे उस दिन

मैं क्या उतना ख़ुश होता
जितना मेरे पुरखे हुए थे

असंख्य थे पुरखे
रात भर सपने में आते रहे
उलट-पुलट कर देखते रहे मेरे पाँव

मेरे सपने का परिसर इतना बड़ा नहीं था
कि सबके सब समा सकते एक साथ
जो आया वह सपने के बाहर जाना नहीं चाहता था
मेरे पैर पिराने लगे थे

मैंने हाथ जोड़कर कहा
पुरखो! अब बस।
कल-परसों में आना   फिर आना
ये पैर तुम्हें ऐसे ही मिलेंगे

मैंने कहा पुरखो यह हक़ीक़त है सपना नहीं
पर कोई गया ही नहीं सपने से बाहर

मेरे पुरखो!
यह अविश्वास क्यों?

मेरा घर

मैंने दरवाज़ा खोला नहीं कि
हवा मुझसे पहले घुस पड़ी भीतर
जैसे मेरी ही प्रतीक्षा कर रही थी

एक गौरैया भी आ गई
कल के सपने में एक और तिनका जोड़ने

एक बेल
जिसकी नाजुक उँगलियाँ
खिड़की के सींखचों को पकड़ने में
कल तक छूटी-छूटी जा रही थीं
आज भीतर की ओर मुँह किए हुए कहकहे लगा रही है

उधर बड़े बक्से में पड़ी पुरानी रजाई के कपास में
एक चुहिया ने
चार बच्चों को जन्म दे दिया है

अब कैसे कहूँ
यह मेरा ही घर है...

घर

इच्छाएँ सपनों को पकड़-पकड़ ले आती हैं नींद में
सपने हैं कि सुबह की बेला में आना चाहते हैं
सुबह चाहती है अपनी खिड़की से निहारा जाए सूर्योदय

घर माया नहीं है बाबा   मोक्ष है मोक्ष
भले ही इस मोक्ष का आयतन कमरे भर का हो

ईंट-भट्ठे की आँच में तपी-सी एक कामना ने
अन्न-गर्भा मिट्टी से एक गेह-देह पा ली है

इच्छाएँ बहुमंज़िली हों तो
उसी वज़न का गड्ढा भी होगा धरती के वक्ष पर कहीं
यह सफ़ेदी यह रंग-रोग़न यह उजास
सब गेहूँ धान गुलाब सरसों के खोए हुए रंग हैं

पेड़ों पर नए पत्तों के प्रस्ताव में धरती ने पुराने पत्ते
पहले ही वापस ले लिये हैं
जाने कब पूरेगा धरती का घाव

तनते हुए एक मकान के भीतर लगा सीमेंट-बालू
बनते हुए मालिक को जगह-जगह से जकड़ रहा है

नाम लेते ही हाज़िरी में हाथ ऊपर उठा ले रहे हैं रोग

ऋणदाताओं के लिए यह पठान होने की ऋतु है

वही टुकड़ा डूब का

आम का था या फिर अमरूद का
भाग न सका जो औरों के साथ
वह पेड़ अभागा   हरसूद का था

दो छज्जे थे आमने-सामने
जो आपस में बतियाते तो झुक आते आधे-आधे
बता सकते हैं अब
कौन-सा अनुपमा का रहा
और कौन-सा   अनूप का था

न फीस डूबी वकीलों की
न कचहरी की मोटी फाइलें
और न ही   अदावत

जिसे लेकर सर फूटे थे कई
बस वही टुकड़ा   डूब का था...

विजेता

जीते गए हथियार मंच पर हैं
पाए गए घाव नेपथ्य में

कोई नहीं कहता ये हथियार नहीं, विचार हैं
और यह भी नहीं कि टैंक, बंदूक, गोला, बारूद ये सब
ज़मीन के नीचे से आते हैं

सब यही कहते हैं—ज़मीन के नीचे से
लोहा, अभ्रक, कोयला, जिंक...निकलता है

ज़मीन के नीचे लोहा बनकर जो इंजन लेटा हुआ है
उसे बाहर 'जेम्स वॉट' बनकर घूम रहे दिमाग़ की दरकार है

एक अधुनातन इंजन उन्नत बमों को लिये जा रहा है आकाश में
अभी-अभी जो बम फटा है आविष्कारक की नई हार है

कौन है विजेता?
जिसके शिविर में आदमी आधे और हथियार दो गुने हो गए हों?

सार्वजनिक नल

इस नल में
घंटों से यूँ ही पानी बह रहा है...

बहाव की एक ही लय है एक ही ध्वनि
और सततता भी ऐसी कि
ध्वनि एक धुन हो गई है

बरबादी का भी अपना एक संगीत हुआ करता है

ढीली पेंचों के अपने-अपने रिसाव हैं
अधिक कसाव से फेल हो गई चूड़ियों के अपने
सुबह-शाम के बहाव तो चिड़ियों की चहचहाहट में डूब जाते हैं
पर रात की टपकन तक सुनाई पड़ती है

पहले मेरी नींद में सूराख़ कर देती थी यह टपकन
अब यही मेरी धपकी बन गई है

मैं अब इस टपकन के साये में सोने लगा हूँ
हाल अब यह
जैसे ही बन्द होती है टपकन
मेरी नींद खुल जाती है...

गाँठें और बौने

गाँठें पेड़ों का अनकहा कथ्य हैं
कुलबुलाती हैं इच्छाएँ जैसे दबे आदमी के भीतर
गाँठों भीतर सघन कथ्य कुलबुलाता है

फूल हैं फल हैं पत्तियाँ हैं
गाँठों के सपने ही सपने हैं
कि एक कोंपल फूट आए कहीं से
छाती में अवरुद्ध दूध को धार-सी राहत मिले

सर्कस के अन्तिम शो में
थके उनींदे लोगों को हँसा रहा है एक बौना
अंग-अंग से दिखा रहा है करतब
कोंपलें छोड़ने को आतुर एक अनकहा कथ्य

इस अर्द्धरात्रि में धरती की सघनतम कुलबुलाहट है वह

चाँद-सितारे
चार फुट और दूर हैं उसके लिए...

स्मृति-पंख

मिट्ठू को फ़रमाइशें सुनने का बड़ा नशा है
फ़रमाइश हुई नहीं कि शुरू—

कौन आया   कौन आया
उठो-उठो सुबह हो गई
नमस्ते जी नमस्ते...

सुबह फ़रमाइश
शाम को फ़रमाइश
छोटे की फ़रमाइश
बड़े की फ़रमाइश

आज फिर वही फ़रमाइश
वही रटा-रटाया पाठ दोहराने लगा फिर
कौन आया कौन आया
उठो-उठो सुबह हो गई...

...बोलते-बोलते अचानक रटे हुए पाठ से बाहर चला गया मिट्ठू
एकदम जंगली हो गया
पेड़ पर बैठी एक चिड़िया की चहक जो सुन ली थी उसने

ज़मीन के पास कहाँ इतना लौह-अयस्क
कारख़ानों के पास कहाँ ऐसी छड़ें
कि एक पिंजरा बन सके

स्मृतियों के पंख बाँध दे जो...

आवाज़ के सहारे

मैं धरती पर हुई पहली हत्या-कार्रवाई की आवाज़ सुनना चाहता हूँ

वायुमंडल में गैसों की ही नहीं, आवाज़ों की भी परतें होंगी
मैं उस आवाज़ तक पहुँचना चाहता हूँ जो बताए
'बचाओ-बचाओ' की जगह क्या कहा होगा धरती के पहले हत आदमी ने
शायद इसी में मिल जाए पहले हत्यारे की आवाज़ भी

आवाज़ों के सहारे मैं किसी की जान लेने की पहली अपरिहार्यता तक
पहुँचना चाहता हूँ

मेरे चारों ओर रिकॉर्ड की गई आवाज़ों का बोलबाला है
जब भी सुनाई देती है कोई रिकॉर्ड की गई आवाज़
मुझे रिकॉर्ड नहीं की जा सकीं बहुत-सी आवाज़ें याद आने लगती हैं

मेरे पास नहीं है उस उदास आवाज़ का रिकॉर्ड
जिसे एक औरत बाँज के पेड़ की दो आजू-बाजू टहनियों में पाँव रख कर
गाती थी
हँसिये की धार से पत्तियों को काटते-छनकाते हुए

जिस आवाज़ को शान्ति सेना में तैनात
उसके आदमी को सुनना था उस वक़्त अफ़्रीका में

वह खाइयों गधेरों से ले कर आकाश नाम के महाखोह में समा गई थी
सोचता हूँ दर्द की इन्तहा लिए किस आवाज़ को कितने से और गुणा कर दूँ
कि पहुँच सकूँ उस गीत के क़रीब
किस कुएँ की बाल्टी में बैठ कर बटी ऐंठन का सिरा थाम
दर्द की तह तक पहुँच सकूँ
कौन-सी तकनीक अपनाऊँ

मेरे सामने आवाज़ रिकॉर्ड करने की तकनीकी उच्चता का एक संजाल है
एक फल पकने की आवाज़ तक उसकी जद में है
पर जाने क्या-क्या रिकॉर्ड हुआ जा रहा है क्या-क्या छूट जाने की क़ीमत पर
एक चश्मदीद के बयान के बजाय
उसे गोली मारे जाने की आवाज़ रिकॉर्ड हुई जा रही है
और एक फिरौती की आवाज़ को इस तरह बार-बार सुनाया जा रहा है
जैसे वह किसी शास्त्रीय गले की हरकत हो

हिंसा-अहिंसा

हिंसा ने अपना खाता पहले खोला होगा
बाद में आई होगी अहिंसा
कई हिंसाओं के बाद

भाषा में भी हिंसा पहले आई होगी
यों तो हिंसा को किसी भी शब्द की ज़रूरत नहीं थी
हाथ पैर दाँत नाख़ून सब हथियार ही हुए
संकेतों से भी उसका काम चल जाता
फिर भी शब्द का जामा हिंसा को ही पहनाया गया होगा पहले
उपसर्ग बाद में लगाया गया होगा

'हिंसा' काफ़ी बड़ी है उम्र में 'अहिंसा' से

अहिंसा साफ़-साफ़ उस तरह दिखती भी नहीं, जैसे हिंसा
जैसे ख़ून दिखता है बहता हुआ सड़क पर
या राख हो गई बस्ती दिखती है

बहुत तेज दौड़ती है हिंसा
उम्र का कोई असर नहीं उस पर
पहाड़-पठार-समुद्रों को एकबारगी लाँघ जाती है

अहिंसा पैदल-सी चलती है

हिंसा एकदम चैतन्य रहती है   अद्यतन भी
उसे हर मोड़ पर नायक खड़े मिलते हैं रिले दौड़ के धावकों की तरह
बेटन थामने को व्यग्र

अहिंसा युग-पुरुषों की तरह बाट जोहती यही कहते सुनी जाती है
शब्द बदल-बदल कर
—ईश्वर! इन्हें क्षमा करना, ये नहीं जानते ये क्या कर रहे हैं

हिंसा के दो गाल भी नहीं होते

एक थी गौरैया

कभी बड़ा आकाश नहीं माँगा
ज़मीन भी काम भर की चाही

आँखें, पंख, चोंच, पंजे
प्रकृति के कोठार का कितना कम खर्च हुआ होगा गौरैया पर

एक फूल के गिरने की तरह होता है उसका उड़ना

पृथ्वी पर भार नहीं थी कभी भी वह
अक्सर घर के भीतर चली आती ठुमक-ठुमक
बच्ची की तरह
भूख लगी है बहुत, है कुछ, कहती-सी
फिर 'कोई बात नहीं' मुद्रा में पलट लेती बिना रूठे

वही तो लाती थी सुबह नाम की धुली चादर को क्षितिज पार से
नन्ही हुई तो क्या
शरीर की बनावट चाहे जिसकी जैसी हो छोटी-बड़ी
प्राणों की बुनावट तो बराबर हुई

मर्ज़ी से फुदकती मर्ज़ी से फुर्र हो जाती
अभी पत्ते के पीछे है तो जैसे कहीं है ही नहीं

और अगर आगे है तो फिर वही ही वही है

कहाँ चली गई गौरैया अपनी चहक और फुदकन लिए
हमारे कानों का अधिक गया कि आँखों का
पेड़ों का अधिक गया कि घर-आँगन का
सुबह का अधिक गया कि शाम का
ज़मीन का अधिक गया कि आसमान का

अगर वह पतझर की पत्ती की तरह गई होती
तो हमारे पास वसन्त नाम की एक आस थी

कहाँ चली गई गौरैया?

किसी पर्यावरणविद से पूछें
ओजोन गौरैया के हृदय का नाम तो नहीं?
किसी सलीम अली से पूछें
क्या किसी नर्सरी में उगाई जा सकती है गौरैया?

ये पैंतीसवें माले की फुनगी से कौन हँस रहा है प्लास्टर ऑफ़ पेरिस हँसी?

लोहा

आयतन फैला
न धार ही निकली
ठंडे लोहे को पीटने से कुछ भी नहीं होना

कुछ सूरत बदले कुछ सीरत

जो गरम हो लोहा तो आवाज़ में खनक कुछ और ही होती है
ललछौंहे लोहे की गमक कुछ और ही होती है

यहाँ तो कुछ भी ऐसा नहीं
बस लगातार पड़ती घन-आवाज़ों का रेला है
हाँ किनारे पिटते हैं तो एक आवाज़ आती है
मध्य पिटता है तो दूसरी

यूँ लोहा तो लोहा
धातुओं में सबसे उपादेय तो
धातुओं में सबसे बिगड़ैल भी
या कहें सबसे बड़ा गुंडा
कभी ढाल बनकर जान बचाए
कभी तलवार बनकर जान ले ले
कभी न्याय के लिए फ़रियादी घंटा बन जाए

कभी अन्याय बचाने को सामन्ती फाटक

लोहा तो लोहा
बताओ तो कौन बेचता है सोने के बटखरे से तौलकर सोने को
कौन बेचता है चाँदी को चाँदी के बटखरे से
लोहे के बारे में ही यह कहा जा सकता है
कि लोहे के तराजू पर लोहे के बटखरे रख लोहा बेचा जा रहा है
सो अलौहों से अलहदा है लोहा

कभी-कभी लौह-पुरुष भी देखने को मिल जाया करते हैं
हालाँकि लोहा इनके शरीर में उतना ही होता है जितना औरों के
कभी-कभी इन्हीं लौह-पुरुषों को डाल दिया जाता है लोहे की छड़ों के पीछे
लोहे की संगत में ये और लोहा हो जाते हैं

ज़रा उस फोटो को तो देखो
जिसमें लोहे के सीखचों को पकड़ कर मंडेला खड़ा है
नहीं लगता यह कि लोहे के पीछे लोहा खड़ा है?

कभी-कभी ऐसे लोग भी पहुँच जाते हैं लोहे की छड़ों के पीछे
जिनकी पेट का बकार हमेशा ख़ाली रहता है
और जेल का डॉक्टर कहता है इनमें आयरन की बड़ी कमी है
उस वक़्त जब जेलर का पालतू कुत्ता मांस भकोसने के बाद
विवश ब्रह्मचर्य लिए लॉन में घूम रहा होता है
ये लोहे की छड़ों से अपनी पीठ सटा कर खुजला रहे होते हैं
आदमी जितना भी सड़ गल जाएँ यहाँ
उनकी उँगलियों की धारावाहिक पकड़ से
छड़ों में कभी भी जंग नहीं लगता

कभी-कभी लोहा भी अपनी तरफ़ से सोचता होगा कुछ
जैसे कभी लाहौर सेंट्रल जेल की बैरक का लोहा अपने सौभाग्य पर इतराता होगा

यह सोच
कि हमने भगतसिंह-राजगुरु-सुखदेव को छुआ
और सैलुलर व मांडले जेल के लोहे की तकदीर के तो क्या कहने
और भी हज़ारों जेल इतराते होंगे इसी तरह
और कुछ ऐसे भी होंगे जिनके सीखचे पछताते होंगे यह सोच
हाय! हम न हुए
अब क्या कहा जाए
यह तो लोहे लोहे की किस्मत है
वह जनरल डायर की पिस्तौल भी बन सकता है
और आज़ाद, उधम सिंह की भी

यूँ तो शरीर के अन्दर धँसने वाली गोलियाँ भी लोहा ही होती है
पर इन्हें लोहा ही कहना ठीक नहीं
लिंकन गाँधी के अन्दर धँसी गोलियों को जब निकाला गया तो
ये गोलियाँ नहीं विचार निकलीं

तो लोहे को समझने में कोई भूल न की जाए

बहरहाल लोहा ख़ुश है
कि वह धातुओं के बाज़ार में छाया हुआ है
ख़ुश है
कि जब भी बनाए जा रहे हैं नए जिले
उनमें निर्माण की पहली खेप में बन रही है जेल

लोहा ख़ुश है कि वह विशालकाय भवनों के शरीर में खप रहा है
तो आदमी के शरीर में भी छड़ बनकर पड़ा है

बहुत पीछे छूट गया लौह युग
पर लोहा पीछे नहीं छूटा

शोधकर्ता मालूम कर रहे हैं
लोहे की किस कोटि की गुणवत्ता से
और भी विकसित हो सकता है ए.के. 47
शोधकर्ता ही देख रहे हैं
कैसे और भी अभेद्य बनाई जा सकती है बुलेटप्रूफ जैकेट...

मछुआरे

मछुआरे मछलियाँ ही नहीं खाते
जैसे आलू की खेती वाले केवल आलू नहीं खाते

मछलियों को पहले रुपयों में बदलना होता है
इस पुल से ही भूख के उस पार जाया जा सकता है

यह पुल टूटता है तो कोई नहीं कहता कि एक पुल टूट गया है
यही सुनाई देता है
एक मछुआरा डूब गया गहरे समुद्र में

नौका और जाल का ऋण पानी में रहकर ही चुकाना है
जो भागा मछुआरा तो जल-सीमा पार धर लिया जाएगा उधर

मछुआरे के क़र्ज़ के लिए कोई बट्टा खाता नहीं होता किसी बैलेंस शीट में
कोई एयरपोर्ट मछुआरे के भागने के लिए नहीं होता

अवसाद

वह छाते पर गिर रहीं तेज़ बूँदों का भीतर आ गया झिर-झिर है
वह धूल है जिसे हारे हुए लोग विजयी रथ के पीछे-पीछे उड़ता देख रहे हैं
वह सवेरा है
जिसके आते ही रात में अपनी जान बचाता फिरता आदमी पहचान लिया जाता है
वह माँ को खो चुके शिशु का अधर है
जो आधी रात को रज़ाई भीतर
पिता में ढूँढ़ रहा है माँ का दूध

शुरू में पता ही नहीं चलता उसका आना
वह साइकिल के पहिए की पहली तीली की तरह टूटता है
और फिर एक समय आता है कि
हथेलियों में रखीं फूल की पंखुड़ियाँ बहुत भारी लगने लगती हैं

वह शख़्स जिसे अभी पागल कहा जा रहा है
क्षमता अधिभार में चरमराता हुआ पुल है
वह हाथ से छूटती जा रही वल्गाओं का लम्बा सिलसिला है
एक डूबते हुए का ज़मीन ढूँढ़ता पाँव है

केवल उत्सवों की नहीं होतीं रजत जयन्ती मुद्राएँ

लाउडस्पीकर सुनना नहीं जानते

लाउडस्पीकर सुनना नहीं जानते
वरना एक लड़का कब से कहे जा रहा है—झंडे ले लो, झंडे ले लो

पूर्वसंध्या पर ले आया था झंडों को उधारी पर
कि बच्चे खरीदेंगे या उनके लिए माँ-बाप

कोई ड्राइवर भी ले सकता है स्टेयरिंग के पास फहराने
किसी मेज या छत पर फहर सकते हैं
पर साइकिल के हैंडिल पर फहरते झंडे का जवाब नहीं
आगे जो बैठा हो नन्हा बच्चा
नीचे युगल-चक्रों की संगत हो

लड़के के गले में उभर आई नसें जताती हैं
सुबह-सुबह उसने अपने गले से कितना काम लिया है
अपने आजू-बाजू उसने दो झंडे फहरा रखे हैं
दूर से ये खुले हुए डैने लगते हैं

श्रम कानून कहते हैं एक बच्चे से काम नहीं कराया जा सकता है
पर कौन रोक लेगा उसे चौराहे पर तिरंगे बेचने से

एक उस रंग के लिए जिसका जीवन में अभाव है

वह अभी एक रुपये में तीन रंग बेच रहा है
चीख़-चीख़ कर बेच रहा है
सब सुनते हैं पर लाउडस्पीकर नहीं

पता नहीं कैसे हैं ये लाउड स्पीकर
जो बोलते तो हैं पार्षद से प्रधानमंत्री तक के लिए
पर सुनते नहीं किसी के लिए भी

कविता और खेती

किसी सीमान्त जोत का नाम भी हो सकता है कविता

कभी-कभी एक भूदान-सी उदारता
हाथों में बंजरपन थमा जाती है
ऐसे में बंजरपन को हल की मूँठ थाम, उधेड़ कर
खाद-पानी से तुरपाई करना
कविताई ही है

शब्दों के लिए उनके कोठार तक जाना
धानी के अर्थ को रंग में ही नहीं आस्वाद में भी देखना
किसानी है

किसानी हो या कविताई
एक सलीक़ा माँगती है

सलीक़ा कहता है—बुआई ऐसी हो
कि चिड़िया चुग कर न ले जाए बोया हुआ श्रम
और जमते हुए को एक मृसण अस्तरपन मिले

सूख रही खेती के दिनों में
उठे हुए हाथ जो बुदबुदाएँ—कविता है

झुके हुए हाथ जो लिखें
वह किसानी

बीज बोये जाएँ या फिर शब्द, कुछ ऐसा हो—
गेहूँ कपास वग़ैरह शब्द भर होकर न रह जाएँ
भूख, नग्नता आदि बस शब्द होकर रह जाएँ

याद बनाम भूल

जहाज़ों में टाइटैनिक याद आया
पहाड़े में उन्नीस का पहाड़ा
पुल कहने में सबसे पहले वही कौंधा
जिस पर से अक्सर कूदे लोग

थे तमाम-तमाम और भी पुल, पहाड़े और जहाज़
अनोखे-असहज-असाधारण याद रह गए

पेड़ों में बरगद याद आया
शाखों से फूट पड़ीं जड़ों के कारण
किसी को पनपने न देने के कारण और भी

याद एक आता   अनेक-अनेक भूलने के बीच
याद रह जाना द्वीप हो गया है
और भूलना समन्दर

यादों के अपने-अपने द्वीप हैं, भूलने के अपने-अपने समन्दर

राजा को किसी एक दिन का गले में अटक गया कौर उसी तरह याद रह गया
जैसे रंक को एक दिन का मिल गया कौर

इस कोरोना-काल में

(चित्रकूट की हसीना, झारखंड की पूर्णिमा, गुड़िया देवी व अन्य रानी मिस्त्रियों को समर्पित)

लेबर चाराहे पर नहीं दिख रहे हैं मज़दूर

सुबह श्रम की एक हाट लगती थी जहाँ
जहाँ ताज़गी के समुच्चय को बिखरना होता था चारों ओर
वहाँ कोई भी नहीं

चौराहा काम देता था उन्हें
वे इसे एक नाम देते थे

भोर के नियमित रियाज़ी थे वे
चौराहा एक घराना था

यूँ तो सुबह की चहक के बाद
दिन भर शान्त रहता था चौराहा
पर दूर से
दिन भर आती रहती थी घनों की आवाज़ छेनियों की
खुटखुट और मिक्सरों का शोर
भट्ठियों में खौलते और बिछते हुए तारकोल की गन्ध

कभी-कभी तो भेड़ बकरियों में बदल जाते रहे मज़दूर
काम को आता हुआ देख धकियाते हुए लपकते उसकी ओर
तब भेड़ों की तरह ही देखी जाती उनकी मांसलता

उनमें से कुछेक के चेहरे बरबस कहते हुए दिखते
हमें मसों की आमद का इंतज़ार नहीं

अपने दिहाड़ीपन में एक स्थायी भाव लिये यह चौराहा
सब कुछ देखता रहा है
और देखते-देखते ईंट-गारा थमाने वाले हाथों में एक दिन
करनी, सुहल की वरिष्ठता थमा देता है

मिस्त्री न मज़दूर कोई नहीं खड़ा है चौराहे पर आज
बस अकेला चौराहा है सूर्यास्तों को देखता हुआ
देखें कौन-सा सूर्योदय
खैनी गमछा छेनी अपने साथ लेकर आता है

हम एक काग़ज़विहीन दुनिया में प्रवेश कर रहे हैं

यह ख़बर सबसे पहले एक के.जी. के विद्यार्थी को दी गई
मारे ख़ुशी के उसने अपनी पीठ का बोझ उतार दिया वहीं
उसके चेहरे पर रक्त की आवाजाही की लालिमा छा गई
और गले की उभर आई नसें अपनी जगह पहुँच गईं
फिर पेड़ों तक पहुँचाई गई यह ख़बर
कहा गया उनसे पेड़ो निश्चिन्त हो जाओ अब
ख़ूब पहनो फूलों की अँगूठियाँ और पत्तों के गझिन बाल उगाओ

डाकिये को बताया तो वह ख़ुश हुआ बहुत
चलो काम और बोझ घटा काफ़ी
पर
सीमान्तों को केयर ऑफ जाने वाली उन चिट्ठियों का क्या होगा
जर्सियों भीतर तहाई जिनकी गरमी से बर्फ़ पिघल जाया करती थी

और भी थे बहुत सारे जिन्हें यह ख़बर दी गई अलग-अलग भंगिमाओं में
जैसे सुलेखों से कहा गया
अब तुम कला परिसर के बाहर की चीज़ हो
ज़रूरी नहीं शब्द देवदारु-वन जैसे हों
कलमों से कहा गया तुम बस मृत्यु-दंड निर्णयों तक जियो
हस्तलिपि विशेषज्ञों से कहा गया अब किसी का अ अलग होगा न ज्ञ

यकसाँ अक्षर-साँचों में कैसे पहचानोगे किसी का व्यक्तित्व?

हम एक काग़ज़विहीन दुनिया में प्रवेश कर रहे हैं यह एक बड़ी ख़बर थी
इसलिए भी कि काग़ज़ केवल काग़ज़ नहीं थे कभी भी
वे बच्चों की पानी में खेलती नावें थे
तो भवसागर पार कराती नावें भी
उन्हें पढ़कर कुछ स्वर्ग जाते
तो कुछ छूकर सीधे नर्क
कुछ के लिए वे अधिकारों से लदे-फदे वृक्ष थे
कुछ के लिए कर्तव्यों में जकड़ी बेड़ियाँ

काग़ज़ कभी भी केवल काग़ज़ नहीं थे
इसीलिए एक बड़ी ख़बर होते हुए भी यह सबके लिए एक-सी ख़बर नहीं थी

कुछ ख़ुश थे इस खबर को सुन कर
कुछ नाराज़
और कुछ बेहद कुपित
उन्हें यह बताने की कोशिश की जा रही है
हम केवल काग़ज़ की दुनिया से बाहर जा रहे हैं
काग़ज़ों में दर्ज़ दुनिया से बाहर नहीं...।

बौर

फलों का झड़ना बुरा है
बौरों का झड़ना उससे भी बुरा

यह सही है फल-फूल शाखों पर लगते है
पर बौरों के बारे में यही बात करते पूरा सा नहीं पड़ता
शायद वे पेड़ की कोख से निकलते हैं
उन्हें ज़मीन से उठाया जाना इसीलिए
गिरे भ्रूण को उठाया जाना-सा लगता है

बौर पेड़ों के जीवन रंगमंच में
सर्जना के प्रथम दृश्य की तरह उभरते हैं
उनका अल्प अंतराल में अदृश्य होना उन्हें मेहमान कलाकार नहीं बनाता
बल्कि यह एक बादल भूमिका का बूँद और फिर समुद्र हो जाना है

जब बौर पेड़ों पर गुच्छे के गुच्छे टँक जाते हैं
तो पूरी घाटी गमक जाती है
कहार-कन्धे इन्हीं की छाँह तले डोलियाँ उतारते हैं हौले से

वे फलते हैं तो अंचल का आँचल फलदानों से भर जाता है
पाखियों के पर फड़फड़ाने लगते हैं और पेड़ों से ऑर्केस्ट्रा बहने लगता है
रंग-रूप-रस के मेले लग जाते हैं

बौर जब गिरते हैं तो हत योद्धाओं की तरह
उनका हुलिया बताता है कितना लड़े थे वे गिरने के पहले आँधी ओलों के आतंक से
प्रशाखों के उखड़े हुए तरल सन्धि स्थलों से इसकी तस्दीक़ की जा सकती है

कौन लगा सकता है एक पेड़ के बाहरी घावों पर मरहम और
कौन पुराता है उसके भीतरी घाव
एक बौर झड़े पेड़ को देखना राणा सांगा को देखना है

एक बौर झड़े पेड़ से जब पूछा गया उसका दुःख
तो उसने एक साल छोड़कर फल देने वाले पेड़ की ओर इशारा किया
उस पेड़ के नीचे कुछ किन्नर थकान मिटा रहे थे

फूल तोड़ना

एक फूल टूटा
वह आगे चलकर प्रेम में बदल गया

एक और फूल टूटा
वह गहना बनकर ख़ूबसूरती को कई गुना कर गया

एक और फूल टूटा
वह सीधे जाकर सिक्कों में बदल गया

नज़र बचा के तोड़े जाएँ या नज़र मिलाकर
तोड़े जाने के शिल्प में ही छुपा होता है
तोड़े जाने का मक़सद

यूँ फूलों को खिलाने का भी अपना शिल्प हुआ करता है
पर ज़रूरी नहीं हर शिल्प चीख़-चीख़ कर कहे
मैं हूँ

बेआवाज़ खिलना अपने आप में एक शिल्प है
और खिलना, पंखुड़ियाँ फैलाना भर नहीं

रंग भरना है
ख़ुशबू भी

फूलों को खिलाने का शिल्प
तोड़ने के शिल्प-सा अविलम्ब और आसान नहीं

और न ही एक हाथ का काम

ईंट-गाथा

सिर में कभी दस-बारह का आयत
कभी ग्यारह-तेरह का पिरामिड

दिन भर आदमी से सौ ईंटें ज़्यादा ढोने के एवज में
पचास रुपए कम आए हाथ में
घाटे को ईंट से भी सख़्तजान बच्चे को
चूम-चूम कर पूरा किया गो-धूलि में

रात को झरोखेदार ईंट-महल में प्रवेश किया सपरिवार

तीन का चूल्हा बना एक का सिरहाना
रात-पाली में फिर वही ईंट-सी तुड़ाई-कुटाई

सुबह, उतरी हुई बाढ़ के बाद की फुलवारी का नाम था
जिसमें पंखुड़ियों की जगह
पन्नियाँ छिदी मिलीं

बाँज

पत्तियाँ धारदार-नुकीली हवा में लहरातीं
सफ़ेद एक ओर दूसरी ओर हरी
मोटी खाल का कवच तने पर
गझिन तर्कों-सी शाखाएँ
और जड़ें पाताल...गहन गम्भीर

पूरी अन्दरूनी तैयारी के बाद आया है बाँज

आई है आँधी नशे में धुत्त
टप्पर उड़ाती उखाड़-पछाड़ करती
अग्रिम पंक्ति की टहनियाँ हो गई हैं सक्रिय
आँधी की घनघोर मंशा के विरुद्ध करती जा रही हैं नाऽनाऽऽनाऽऽऽ

नहीं निकल पाएगी बाँज के जंगल से आगे ये आँधी

पानी ज़मीन का हो या फिर आकाश का
पानी इसलिए बाँज का है

...ये एक बल्ली उठाएगी पूरा घर
ये एक गाँठ दहकाएगी पूरा पूस
ये एक गुल्ली उछल के जाएगी बुढ़ापे तक

अभी आकार दे रहा है
फिर धार देगा बाँज
लोहार—इच्छाओं को...

फटा नोट

उसे उसी तरह चलना था जैसे आया था
पर जहाँ भी दिया ताड़ लिया गया देखते ही

मैं दिन भर फटा चेहरा लिए घूमता रहा
निराश हो लौट ही रहा था कि
पॉलिश करते बच्चे पर निगाह ठहर गई

उससे जूते चमकवाए
और मुदित-मुदित लौट आया घर

नोट जिस तरह दिन भर छकाता रहा था
नींद रात भर छकाती रही...

बादल-1

(सावन भादों के)

एक नीले विस्तृत चारागाह को
पिन्हाये थनों वाली भैंसों के झुंड चर रहे हैं

बहुत नीचे ये हरे चारागाहों में इनकी ही छायाएँ तैर रही हैं
खुले पानी में
गर्भस्थ पानी की छायाएँ तैर रही हैं

या फिर कोई महाकंजूस अपनी गठरी को
छुपाए-छुपाए भाग रहा है
और टकरा गया है दूसरे कंजूस से
—दोनों की पोटलियाँ खुल गई हैं

नहीं,   कोई महादानी है यह
जो ख़ुद रीत-रीत कर भीतर तक गद्‌गद हुआ जा रहा है...

बादल-2

(आश्विन के)

कुछ-कुछ अमलिन   कुछ कुछ मंथर   कुछ-कुछ अभिजात
—देर से आए हैं हुज़ूर

अव्वल तो इनके पास देने को कुछ भी नहीं
बरस भी गए तो
भीगे को भिगाएँगे
अघाए को और अघाएँगे

हर एक को कहाँ सूखे को भिगाने का सुख

इयत्ता

जाड़ों की यह दोपहर

धूप, बड़े पेड़ों के लिए मफलर है अभी
छोटे पेड़ों के लिए शॉल

बहुत कुछ हो रहा है यहाँ अभी
फुनगियों शाखाओं से लेकर
पेड़ के बाहर की दुनिया तक में
दैनिकता ने रफ़्तार पकड़ ली है
तरह-तरह के कारोबार फैल गए हैं

आवाज़ों के कारोबार को ही लें
सूखे पत्ते पर आ गिरी है एक बीट टप्प से
एक फेरीवाला चादर की तहें खोलकर झटके से फैला रहा है
गैस का सिलेंडर उतरा है—अधभरा
एक औरत खो गए दस के नोट को बुदबुदाते हुए ढूँढ़ रही है
और और भी आवाज़ें हैं मध्यम-मध्यम
जैसे बालू की ढेरी में एक फावड़े का
फस्स से डुबोया जाना तक सुनाई दे रहा है

सारे कार्य-व्यापार अपनी-अपनी इयत्ता के साथ ध्वनित हो रहे हैं

मैं एक नन्ही बेल को सींचते फौव्वारे की झरझराती
आवाज़ पर लट्टू हो ही रहा था कि
एक बुल्डोजर धड़धड़ाता चला आया
झुग्गियों की ओर

सारी छोटी-छोटी आवाज़ें जाने कहाँ बिला गईं...

पहचान

—अब क्या बताऊँ मैं कहाँ खड़ा हूँ
यह एक दोस्त का वाक्य था
जो पहली बार इस शहर में आया था

उसने तुरन्त ही फिर अगल-बगल देखकर कहा—
मैं यहाँ खड़ा हूँ आँख के अस्पताल के पास, जी.टी. रोड पर
यहाँ पर एक ट्रांसफार्मर भी लगा है...

तुम वहीं खड़े रहो, मैं आ रहा हूँ
मैंने जगह समझते हुए कहा

वह जगह जहाँ पर वह खड़ा था ख़ुद नहीं बता सकी थी अपनी पहचान
उसके आसपास ने बताया उस जगह को

केवल अपने होने से ही
न कोई जगह जगह होती है
न आदमी आदमी

पलकें

ये आँखें बची रहें मैल से
दूर-दूर तक देखें साफ़
सूख जाएँ तो भीग लें लेप से
बरसें तो झिलमिल न हो जाए सब कुछ
इन्हें हर क़ीमत पर बचाना है

झपकना है इस तरह कि
अखंडित रहे संसार

अपलक खुली आँखें तो सम्मोहित आँखें हैं

झपकना है
ख़राब आँखों के लिए भी झपकना है
गई आँखों में भी सपने विचरते हैं

यूँ ही मुँदना यूँ ही खुलना बना रहे इनका
यूँ ही थिरकना भी

कोई दबाव न हो पलकों की स्वायत्तता पर तो
कोई महाभारत न हो

सूर गायक

यह जो हवा बह रही है
उसके गाने के पहले ऐसी नहीं बह रही थी
ये बात अलग है
वह इन डोलते फूलों-पत्तियों को नहीं देख सकता

...हाँ वह नहीं देख सकता
तब हमें क्यों लगता है ऐसा
जब वह गहरा काला चश्मा चढ़ाए गुज़रता है हमारे बगल से
हमें भीतर तक देखने लगा है

संरचना के एक बेहद अन्दरूनी खेल में
उसकी आँखों के हिस्से सिफ़र आया
पर उसके गले को ज्योति मिल गई

वह गाता है तो कमल-दल-सी खिलने लगती हैं दिशाएँ

कभी-कभी लगता है अगर आँखें होतीं उसकी तो
भाव और गायन के बीच एक व्यवधान ही होतीं

वही लोकता है अपने एकान्त में
पतझड़ के सबसे पहले गिरते पत्ते की आवाज़

उसने वसन्त के पहले फूल को खिलते हुए सुना है

उसके कान उसके भीतर जाने का राजमार्ग हैं

लोकगीत कहते हैं उससे
हमें अपना कंठ दे दो
निर्गुण कहते हैं हमें

निर्गुण अपनी अमरता दे रहे हैं उसे
लोकगीत अपनी उमर...

श्मशान

दूसरे को राख कर
ख़ुद बची हुई है गठीली लकड़ी

श्मशान सबकुछ राख नहीं कर पाता

जो राख है उसमें भी
ढूँढ़ रहे हैं कुछ लोग जीवन के जेवर
कुछ अधजली लकड़ी के बचेपन पर निगाहें गड़ाए हुए हैं

एक गूँगा बची हुई लकड़ी को
अपनी अव्यय आवाज़ से उठा कन्धे पर लाद लेता है

श्मशान सबको राख नहीं कर पाता

कुछ लोग तो इसे
ठंडी रातों में लिहाफ़ बना ओढ़ लेते हैं

अमंगल छाया

वह अमंगल छाया है
वह व्रतों को ओढ़ती-बिछाती-तहाती है

वह पति के चित्र पर पुष्पांजलि अर्पित करते हुए
उसकी आत्मा के लिए शान्ति
और बच्चों हेतु दीर्घायु माँगती है

लोक और लोकोत्तरता के बिन्दुओं को स्पर्श करती एक चाप है वह

...यम थमा गया है उसके हाथ में एक लम्बी अदृश्य बटी रस्सी
उसी अदृश्यता से बाँधना है दृश्य-दृश्यों-दृश्यावलियों को
शब्द-गंध-स्पर्श को भी
अमृत कलशों से कह देना है शेष हो जाओ

कामनाओं की अजीर्ण पंखुड़ियों से कहना है—सावधान!
नाल ठुके घोड़ों की टापें इसी ओर आ रही हैं

ग्रहों से लटकती निषेध-झोली उसके माथे से टकरा रही है रह-रह कर

ऋतुएँ उसके व्रतों से एक वृत्त बना रही हैं
उसका अस्थिर रक्तचाप कहते फिरता है
—मैं ही तुम्हारा वसन्त हूँ
मैं ही शिशिर हेमन्त

यहाँ से

जो भी गया
जंगल, गाड़-गधेरे, धुनें सब लेता गया साथ
पर यहाँ ज़रा भी कम नहीं हुआ कुछ
पूरे में से पूरा निकल कर पूरा बचा रहा

जो आया
उसने एक भी फूल गाँव-जवार के जूड़े में नहीं खोंसने दिया
एक भी फल ज़मीन का गुरुत्वाकर्षण नहीं पा सका
जो भी आया थन के लिए आया मुख के लिए कोई नहीं

भाषा-बोली
संस्कृति-डोली के अग्रिम कहारों में थी
वह आठवीं अनुसूची के दरवाज़े को पीट रही है
देर से...

पहाड़

दुनिया भर के प्रशिक्षण शिविर जताते हैं
सारे पहाड़ हारने के लिए खड़े हैं

पर जीत-जीत कर भी चुक जाएँगे सारे विजेता
हार-हार कर भी जीवित रहेंगे विजित

पल से हारना
युग से हारना नहीं

कहानी में बच्चे

पहले कहानियों में बच्चे
अक्सर अपनी नानी के घर जाया करते थे

बाद के दिनों में वे
दादी के घर जाने लगे

अब तो अपने माँ-बाप के घर जाने लगे हैं बच्चे
आगे भी किसी एक के घर अवश्य जाएँगे वे

कहानी के बाहर बच्चे बच्चे रहे तो

बाघिन नहीं

अभी माँ कहो उसे   बाघिन नहीं
बच्चे को दूध पिलाते हुए हर माँ विदेह हो जाती है

उसकी अधमुँदी आँखों के तरल अवकाश में
एक क्षितिज तैर रहा है
एक-दूसरे को अपदस्थ करते हुए शावक
जाने कौन-सी सिम्फनी सिरज रहे हैं देह-सन्तूर पर

अभी कोई भी कह सकता है
बाघिनों के बघनख नहीं हुआ करते

किसी ढाल को तलवार में बदलते देखना हो तो
एक पत्ता खड़का दो अभी